Anonym

Erfolgreich ans Ziel

Verstärkersysteme/Tokensysteme in der Heimerziehung

GRIN - Verlag für akademische Texte

Der GRIN Verlag mit Sitz in München hat sich seit der Gründung im Jahr 1998 auf die Veröffentlichung akademischer Texte spezialisiert.

Die Verlagswebseite www.grin.com ist für Studenten, Hochschullehrer und andere Akademiker die ideale Plattform, ihre Fachtexte, Studienarbeiten, Abschlussarbeiten oder Dissertationen einem breiten Publikum zu präsentieren.

Dokument Nr. V143688 aus dem GRIN Verlagsprogramm

Anonym

Erfolgreich ans Ziel

Verstärkersysteme/Tokensysteme in der Heimerziehung

GRIN Verlag

Bibliografische Information der Deutschen Nationalbibliothek: Die Deutsche
Bibliothek verzeichnet diese Publikation in der Deutschen Nationalbibliografie;
detaillierte bibliografische Daten sind im Internet über http://dnb.d-nb.de/
abrufbar.

1. Auflage 2009
Copyright © 2009 GRIN Verlag
http://www.grin.com/
Druck und Bindung: Books on Demand GmbH, Norderstedt Germany
ISBN 978-3-640-65918-0

Fachhochschule

Studiengang Bachelor of Arts: Soziale Arbeit
WS 2009/2010

Praxisprojekt

Thema:

Erfolgreich ans Ziel-

Der Einzug eines Verstärkersystems in eine heilpädagogische Mädchengruppe

Inhaltsverzeichnis

1. **Einleitende Gedanken** 4
2. **Die theoretischen Grundlagen zum Praxisprojekt** 5
   - 2.1. Lerntheorien 5
   - 2.2. Behaviorismus 6
     - 2.2.1. Operante Konditionierung 6
       - 2.2.1.1. Verstärkung 6
       - 2.2.1.2. Verstärkerpläne 7
   - 2.3. Begründung der Wahl einer operanten Methode für das Praxisprojekt 8
   - 2.4. Ziele in der stationären Jugendhilfe 11
3. **Die Idee des Praxisprojektes und die daraus resultierende Forschungsthese** 12
4. **Zielentwicklung im Rahmen des Praxisprojektes** 13
   - 4.1. Wirkungsziel 13
   - 4.2. Handlungsziele und Handlungsschritte 14
5. **Planung und Durchführung des Praxisprojektes** 15
   - 5.1. Grundlagen im Team schaffen 15
     - 5.1.1. Kurzes Vorstellen des Teams 16
     - 5.1.2. Klärung offener Fragen und Planung des genauen Vorgehens im Team 16
   - 5.2. Grundlagen bei den Jugendlichen schaffen 18
     - 5.2.1. Kurzes Vorstellen der Mädchengruppe 19
     - 5.2.2. Neugierde und Motivation bei den Jugendlichen wecken 19
   - 5.3. Ablauf des Praxisprojektes 20
6. **Evaluationsdesign** 26
   - 6.1. Eingrenzung des Untersuchungsfeldes 26
   - 6.2. Ableitung der Fragestellungen 27
   - 6.3. Entwicklung des Evaluationsinstruments 29
     - 6.3.1. Strukturierte Beobachtung (quantitative Erhebung) 29
     - 6.3.2. Schriftliche Gruppenbefragung (qualitative Erhebung) 30
   - 6.4. Auswertung der Erhebung 32
7. **Fazit** 37
8. **Anhang** 40
   - 8.1. Gegenüberstellung der erwarteten Vor- und Nachteile zum Verstärkersystem aus der 1. Teamsitzung 40
   - 8.2. Ziele der Jugendlichen 41
   - 8.3. Auswertung des Beobachtungskalenders und Ergebnisse der Untersuchungsfragestellung 1a, 1b und 1c 43
   - 8.4. Fragebogen der Jugendlichen zum Verstärkersystem und Auswertung 46
     - 8.4.1. Fragebogen 46
     - 8.4.2. Auswertung des 1 Teil des Fragebogens (Fragen 1 – 10) und Ergebnisse der Untersuchungsfragestellung 1d 49
   - 8.5. Fragebogen der Erzieherinnen zum Verstärkersystem und Auswertung 51
     - 8.5.1. Fragebogen 51

8.5.2. Auswertung der Fragebögen der Jugendlichen (2. Teil: Fragen I – VIII) und der Erzieherinnen (Fragen I – VIII), sowie Ergebnisse des Vergleichs 52

8.6. Auswertung des Beobachtungskalenders im vierten Monat und Ergebnisse der Untersuchungsfragestellung 3 55

Quellenangaben 57

1. Einleitende Gedanken

Das Arbeiten in Form von Projekten ist so alt wie die Welt. Projekte gibt es, seit es Menschen gibt, die Pyramiden von Gizeh wären ohne eine Organisation und Koordination der Arbeit ebenso wenig fertig geworden wie die Chinesische Mauer.

Projektarbeit muss aber nicht – wie in diesen Beispielen – über Jahrzehnte hinweg dauern und das Ergebnis weltberühmt werden. Projektarbeit kann auch im Alltag jedes Einzelnen geschehen und hier Wellen schlagen. Die DIN-Norm 69901 definiert kurz und prägnant was unter Projektarbeit zu verstehen ist, nämlich: „Ein Vorhaben, bei dem innerhalb einer definierten Zeitspanne ein definiertes Ziel erreicht werden soll, und das sich dadurch auszeichnet, dass es im Wesentlichen ein einmaliges Vorhaben ist" (Becker et al. 2007, S. 204). Diesem Anspruch will das vorliegende Projekt Rechnung tragen. Es wird mit großer Wahrscheinlichkeit nicht die Bedeutung der Pyramiden von Gizeh oder der Chinesischen Mauer erlangen. Aber das ist auch nicht der Sinn und Zweck dieses vorgestellten Projektes. Viel eher soll es den Alltag einer kleinen ausgewählten Zielgruppe bereichern und verbessern.

Seit sieben Jahren arbeite ich mit jugendlichen Mädchen im Kontext der Heimerziehung. Neben vielen positiven Erfahrungen in der Zusammenarbeit mit den Heranwachsenden, gab es auch immer wieder Schwierigkeiten und Probleme, die es zu lösen galt. Deutlich wurde in diesen Jahren, dass alle Jugendlichen, die in der stationären Jugendhilfe aufwachsen, während ihrer Entwicklung eine intensive Unterstützung und Begleitung brauchen. Oft ist dies leichter gesagt, als in die Praxis umgesetzt. Denn häufig scheinen Jugendliche geradezu allergisch auf Erwachsene zu reagieren, die ihnen sagen wollen, wie sie zu handeln oder gar zu denken haben. Mit dem Grad, mit dem Erwachsene versuchen Jugendliche zu drängen, steigt häufig das Maß der Verweigerung. Es stellt sich daher die Frage, wie pädagogische Fachkräfte Jugendliche aktivieren und „bei der Stange" halten können, ohne Gefahr zu laufen, das Gegenteil zu bewirken. Häufig heißt der Schlüssel zur Arbeit mit Jugendlichen Motivation. Pädagogen können in der Arbeit mit Jugendlichen viel erreichen, aber nur dann, wenn bei den Jugendlichen die innere Bereitschaft vorhanden ist, etwas im eigenen Leben zu verändern. Wie ist diese Bereitschaft zu steigern? Mit großer Bestimmtheit steigert sich die Bereitschaft, wenn Ziele erreicht werden. Aber der Weg zum Ziel ist oft sehr arbeitsintensiv und mit Rückschlägen verbunden. Lob und Verstärkung können in erheblichem Maße dazu beitragen, Ziele motivierter anzugehen und bei deren Erreichung unterstützen. Inwieweit ein individuelles Verstärkersystem hierzu beitragen kann, soll im Rahmen des vorliegenden Praxisprojektes überprüft werden.

2. Die theoretischen Grundlagen zum Praxisprojekt

In einem ersten Schritt werden theoretische Ansätze und Konzepte vorgestellt, an welche das Praxisprojekt anknüpft. Die theoretischen Ausführungen sind eher kurz gehalten. Sie stellen die Basis für das Praxisprojekt dar und sollen ein komprimiertes Wissen über die Theorie des Projektes vermitteln. Der erste Teil der theoretischen Grundlagen beschäftigt sich mit den Lerntheorien. Diese erklären, wie Lernen funktioniert. Besonders dem Behaviorismus und speziell der operanten Konditionierung kommt hier eine gesonderte Aufmerksamkeit zu. Das Praxisprojekt wäre aber nicht vollständig, wenn nur die Lerntheorien vorgestellt würden. Aus diesem Grund wird im zweiten Teil der theoretischen Grundlagen noch die Bedeutung von Zielen in den Fokus rücken. Hier wird besonderen Wert auf die Grundlagen der Erarbeitung von Zielen gelegt, da diese bei der späteren Planung und Durchführung des Praxisprojektes von großer Bedeutung sein werden.

2.1. Lerntheorien

In der Arbeit mit Jugendlichen geht es jeden Tag um das Lernen bzw. das Verlernen von Verhalten. Das im Praxisprojekt zum Einsatz kommende Verstärkersystem soll Jugendliche motivieren, neues Verhalten zu erlernen. Das Lernen spielt also für das Projekt eine wesentliche Rolle. Aus diesem Grund ist es sinnvoll, den Blick auf die Psychologie zu richten und in einem ersten Schritt zu klären, wie Lernen funktioniert.

„Lerntheorien sind Versuche, die Kenntnisse über das Lernen zu systematisieren und zusammenzufassen" (Lefrancois 2006, S. 8). Vom Lernen spricht man, wenn eine Verhaltensänderung eintritt, die durch eine Auseinandersetzung mit bestimmten Umweltsituationen zustande gekommen ist. Lernen geschieht sowohl bewusst, als auch unbewusst, individuell aber auch in der Gemeinschaft. Grundlegend beim Lernen ist, dass das veränderte Verhalten relativ beständig sein muss und nicht nur einmal gelingen darf. Hobmair beschreibt den Prozess folgendermaßen: „Lernen ist ein nicht beobachtbarer Prozess, der durch Erfahrung und Übung zustande kommt und durch den Verhalten relativ dauerhaft erworben oder verändert und gespeichert wird" (Hobmair 2002, S. 76). Die Lerntheorien lassen sich in drei Kategorien einteilen: in den Behaviorismus, den Kognitivismus und den Konstruktivismus.

Je nach Theorie, ist Lernen auf verschiedenen Wegen möglich und erklärbar. Für das vorliegende Projekt stellt der Behaviorismus die Basis dar. Aus diesem Grund wird im Folgenden die Theorie des Behaviorismus und speziell die operante Konditionierung kurz erläutert. Genauer betrachtet wird der Einsatz von Verstärkern und Verstärkerplänen, da diese bereits das spätere Praxisprojekt erläutern.

2.2. Behaviorismus

Der Behaviorismus (engl. behavior: das Verhalten) wurde zu Beginn des 20. Jahrhundert durch John B. Watson begründet, geht aber eigentlich auf den russischen Psychologen Iwan P. Pawlow zurück (vgl. Altenthan 2005, S. 33).

„Im Behaviorismus ist ausschließlich das beobachtbare Verhalten Gegenstand der Forschung" (Altenthan 2005, S.33). Alle „inneren Vorgänge", wie Motive, Gedanken und Gefühle sind nicht unmittelbar beobachtbar und spielen deshalb in der behavioristischen Forschung keine Rolle. Kurz und prägnant kann man zusammenfassen, dass der Behaviorismus davon ausgeht, dass alles Verhalten erlernt ist und wieder verlernt werden kann. Hierauf basieren auch die Lerntheorien des Behaviorismus. Zu den bekanntesten behavioristischen Lerntheorien zählen das klassische Konditionieren, als Vorläufer, das Versuch-und-Irrtum-Lernen und das operante Konditionieren, welches für das Praxisprojekt eine entscheidende Rolle spielt.

2.2.1. Operante Konditionierung

„Das operante Konditionieren geht davon aus, dass das Individuum aktiv in seiner Umwelt agiert und Verhaltensweisen hervorbringt, auf welche die Umwelt reagiert" (Hobmair 2002, S. 181). Je nachdem, wie diese Reaktion aussieht, wird das gezeigte Verhalten dann in Zukunft häufiger oder seltener gezeigt. „Beim operanten Lernen entscheiden somit die Konsequenzen, die dem Verhalten folgen, über dessen zukünftiges Auftreten" (Hobmair 2002, S. 181). Die Konsequenz kann also die Wahrscheinlichkeit des Auftretens eines Verhaltens verstärken oder verringern. Je nachdem, ob die Konsequenz positiv oder negativ ausfällt. Ein Kind, das nach dem Aufräumen seines Zimmers gelobt und evtl. sogar als Belohnung ein Bonbon bekommt, wird in Zukunft sehr wahrscheinlich sein Zimmer öfter aufräumen. Dieses Beispiel zeigt, wie durch den bewussten Einsatz von Verstärkern ein Verhalten aufgebaut wird.

Im Folgenden wird der Fokus noch einmal detaillierter auf den Einfluss von Verstärkern gerichtet.

2.2.1.1. Verstärkung

In der operanten Konditionierung spricht man bei einem Verstärker von einem Reiz, der in „kontingenter Weise im Anschluss an eine Reaktion dargeboten bzw. beseitigt wird und sie dadurch in ihrer Auftretenshäufigkeit erhöht bzw. verringert" (Borg-Laufs 2007b, S. 34). Generell lassen sich zwei verschiedene Arten von Verstärkern unterscheiden. Es gibt primäre Verstärker, welche sich an den primären Bedürfnissen des Menschen orientieren (wie z.B. Essen, Sexualität) und sekundäre Verstärker. Im Rahmen des Praxisprojektes kommen ausschließlich sekundäre Verstärker zum Einsatz. „Sekundäre Verstärker sind solche, die erst durch ihren Lernprozess einen Belohnungswert erhalten haben. Der bekannteste sekundäre Verstärker ist das Geld. Die mit Ziffern bedruckten Papierscheine erhalten ihren Wert erst dadurch, dass man sie gegen primäre Verstärker eintauschen kann" (Edelmann 2000, S. 47). Weitere sekundäre Verstärker sind Lob, Zuwendung, Süßigkeiten oder materielle Belohnungen.

Verstärker sind nicht nur primär oder sekundär, sondern lassen sich weiterhin in positive und negative Verstärker unterschieden. „Positive Verstärker nennt mal all jene Verhaltenskonsequenzen, welche die Auftretenswahrscheinlichkeit eines Verhaltens erhöhen, weil durch sie ein angenehmer Zustand herbeigeführt oder aufrechterhalten werden kann. Negative Verstärker sind alle Verhaltenskonsequenzen, welche die Auftretenswahrscheinlichkeit eines Verhaltens erhöhen, weil durch sie ein unangenehmer Zustand beseitigt, vermieden oder vermindert werden kann" (Hobmaier 2002, S. 152). Um den positiven und motivierenden Charakter des Praxisprojektes zu stützen, kommen im Praxisprojekt nur positive Verstärker zum Einsatz. Der genaue Grund hierfür, wird im nächsten Absatz noch einmal genauer erörtert.

Um sekundäre, positive Verstärker wirksam einsetzen zu können, müssen verschiedene Faktoren berücksichtigt werden, die im Folgenden kurz erläutert werden:

„1. Der Verstärker muss eine dem Schwierigkeitsgrad des Lernschrittes angemessene Relevanz für das lernende Individuum haben.

2. Das Verhältnis der frequenzmäßigen Kontingenz zwischen Verhalten und Verstärker soll anfangs eher kontinuierlich sein, um das Lernen zu beschleunigen, später eher intermittierend, um das Gelernte löschungsresistenter zu machen.

3. Ebenso sollte der zeitliche Zusammenhang zwischen Verhalten und Verstärker anfangs möglichst eng sein, später ausgedehnt (oder intermittierend) werden.

4. Die Variabilität und Flexibilität der Verstärker erhöht deren Attraktivität und Verstärkereffizienz.

5. Die Verstärkerart sollte (je nach Lebenssituation) von konkreten, materiellen Verstärkern ausgehend, zu eher generalisierten Verstärkern wechseln.

6. Für den Einsatz sekundärer Verstärker ist es notwendig zu überprüfen, ob in der speziellen Lebenssituation des Lernenden ein bestimmter Verstärker überhaupt einen entsprechenden Wert besitzt" (Batra 2000, S. 88).

2.2.1.2. Verstärkerpläne

Der Einsatz von Verstärkern kann in der Praxis organisiert erfolgen. Durch den Einsatz von sog. Verstärkerplänen oder auch „Token-Economy-Systeme" genannt, kann erwünschtes

Verhalten herbeigeführt und gefestigt werden, bzw. unerwünschtes Verhalten reduziert werden. Im Folgenden wird die Idee von Verstärkerplänen näher erörtert.

Mit der Einführung eines Verstärkerplans werden mit dem Jugendlichen eine oder mehrere Verhaltensweisen vereinbart, die er in Zukunft öfters zeigen will. Immer wenn er diese Verhaltensweisen zeigt, bekommt er für sein Verhalten einen Bonus (englisch „Token"). Dieser Bonus kann entweder sofort gegen eine Belohnung eingetauscht werden oder es wurden im voraus Regeln vereinbart, die es dem Jugendlichen ermöglichen, mehrere Token zu sammeln, die er dann gegen eine größere Belohnung eintauschen kann. „Dies kann dann zum Beispiel so aussehen: Für ein Token gibt es sofort einen Kaugummi, für fünf (wenn sie gesammelt werden) eine Tafel Schokolade, für zehn eine halbe Stunde länger aufbleiben und so weiter" (Baierl 2008, S. 99). Durch eine solche Vereinbarung haben die Jugendlichen die Möglichkeit, selbst zu entscheiden, ob sie eine unmittelbare Belohnung oder auf eine große Belohnung sparen wollen. „Mit der Zeit sollten die Vereinbarungen so verändert werden, dass keine unmittelbare Belohnung mehr erfolgt. Bei diesem Vorgehen ist es wichtig, die Bedingungen vorher exakt und unmissverständlich zu vereinbaren. Es muss klar sein, in welchem Modus die Token eingelöst werden können. Dann müssen sich beide Seiten an die Vereinbarungen halten" (Baierl 2008, S. 99).

Im Rahmen von Verstärkerplänen ist es möglich, Token für unerwünschtes Verhalten abzuziehen. Im Praxisprojekt wird diese Möglichkeit nicht zum Einsatz kommen. Das Verhalten der Jugendlichen soll nur positiv verstärkt werden. Mit diesem Vorgehen soll erreicht werden, dass die Jugendlichen mit Begeisterung bei der Sache bleiben. Der Verstärkerplan soll den Jugendlichen nur Vorteile bringen, um sie bei dem Aufbau von erwünschtem Verhalten, bzw. dem Abbau von unerwünschten Verhalten zu motivieren.

2.3. Begründung der Wahl einer operanten Methode für das Praxisprojekt

Die bisherigen Ausführungen haben gezeigt, dass Lernen auf verschiedene Weisen möglich ist. Es stellt sich daher die Frage, warum ausgerechnet die Lerntheorie der operanten Konditionierung und speziell das Lernen durch positive Verstärkung für das Praxisprojekt ausgewählt wurde. Die Gründe hierfür sind vielfältig und werden im Folgenden näher erläutert.

Zu Beginn der Ausführungen werden drei allgemeine Kriterien aufgeführt, die für den Einsatz von Verstärkersystemen bei Jugendlichen plädieren und im Anschluss noch einmal näher erläutert:

- Durch den Einsatz von Verstärkersystemen „… kommt es nicht so schnell zu einer 'Sättigung' (ein ursprünglich positiver Anreiz verliert seinen Wert durch häufige Erreichung desselben), da die gegen die Token eintauschbaren primären Verstärker in der Regel geändert werden können.

- Zweitens kann die Verstärkung kontingent erfolgen, d.h., die Token können immer sofort nach dem Zeigen des vereinbarten Verhaltens gegeben werden. Dies ist beim Einsatz primärer Verstärker in der Regel nicht möglich.

- Schließlich bieten sie drittens die Möglichkeit, sehr differenzierte Verstärkungspläne durchzuführen, die genau auf die Kompetenzen und Bedürfnisse der Beteiligten zugeschnitten sind" (Borg-Laufs 2007b, S. 429)

Drei wichtige Faktoren, die für die Einführung eines Verstärkersystems in der Mädchengruppe des Kinderheimes sprechen. Für Jugendliche können heute bestimmte Dinge attraktiv sein, die morgen bereits wieder out sind. Ist dies der Fall, verlieren die Jugendlichen das Interesse und die Motivation an der Zielerreichung. Innerhalb des Verstärkersystems können die Verstärker beliebig verändert werden, so dass sie nicht an Attraktivität für die Jugendlichen verlieren. Wichtig ist für Jugendliche auch, dass ihr Verhalten zeitnah verstärkt wird. Erfährt der Jugendliche erst lange nach seinen Anstrengungen Anerkennung, kann er diese evtl. nicht mehr mit seiner Leistung verbinden bzw. erlebt er die nicht sofortige Bestätigung als mangelnde Wertschätzung für sein Verhalten und zeigt dieses Verhalten in Zukunft seltener. Aus diesem Grund ist es wichtig, dass Jugendliche möglichst zeitnah für ihr Verhalten verstärkt werden. Der dritte Vorteil stellt ein weiteres wichtiges Kriterium für die Wahl eines Verstärkersystems dar. Verstärkerpläne können individuell auf die einzelnen Jugendlichen abgestimmt werden. Dies ist für eine Heimgruppe von besonderem Vorteil. Die Mädchen der Gruppe sind alle sehr verschieden. Sie kommen mit sehr unterschiedlichen Hintergründen und Erfahrung in die Gruppe. Jedes Mädchen hat seine eigenen Defizite und Probleme, aber auch Kompetenzen und Stärken. Ein Verstärkersystem kann hierauf individuell eingehen.

Ein weiteres grundlegendes Kriterium für die Wahl eines operanten Verfahrens stellt die Tatsache dar, dass Jugendliche mit operanten Methoden und speziell mit Verstärkersystemen in ihrem bisherigen Alltag Erfahrungen sammeln konnten und sehr wahrscheinlich auch in Zukunft mit Verstärkersystemen in Berührung treten werden. Reinhard Wassmann belegt diese Aussage, indem er schreibt: „... ein wesentlicher Anteil von Erziehungsmethoden [beruht] auf der mehr oder weniger systematischen, wenn auch nicht bewussten Anwendung operanter Methoden". Weiter schreibt er, ohne operante Methoden „... wäre die Entwicklung von Verhaltenstechniken und Fertigkeiten, die uns ein eigenständiges Leben ermöglichen, undenkbar. Von der Reinlichkeitserziehung über den Erwerb von Kulturtechniken bis hin zum Erlernen des Autofahrens unterliegen wir der Wirkung operanter Erziehungsmethoden" (Wassmann

2006, S. 84). Die Einführung eines Verstärkersystems sollte für die Jugendlichen also keine irreale Erneuerung darstellen, welche künstlich im Heimalltag praktiziert wird. Das Verstärkersystem knüpft eher an den bisherigen Erfahrungen der Jugendlichen an und unterstützt diese auf positive Art bei der Erreichung von neuen Verhaltenstechniken und Fertigkeiten.

Ein weiterer wichtiger Faktor, welcher für die Wahl eines Verstärkersystems in der Mädchengruppe spricht, begründet sich in den positiven Effekten, welche ein solches System mit sich bringt. Im Rahmen der Zielfindung wird den Jugendlichen klar, worin die eigenen nur von ihnen selbst zu beeinflussenden Anteile eines bestimmten Problemverhaltens liegen. Um diese Einsicht zu erreichen, sind intensive Gespräche nötig, die es den Jugendlichen erleichtern, ihre Eigenverantwortung zu erkennen und zu akzeptieren. Probleme im eigenen Leben können dann nicht mehr einfach auf Dritte geschoben werden (im Sinne von: meine Eltern sind an meinem „schlimmen" Leben schuld, die Erzieher provozieren mich,...). Die Jugendlichen erkennen, dass sie selbst für ihr Leben Verantwortung tragen und gleichzeitig ihre Lebensumstände beeinflussen können. Werden Ziele im Rahmen des Verstärkersystems erreicht, erleben die Jugendlichen, dass sie Veränderungen bewirken können. Diese positiven Erfahrungen gekoppelt mit der Fähigkeit zur Selbstbeobachtung, werden auch in ihrer zukünftigen Entwicklung wichtige Vorraussetzungen sein, um ein selbständiges Leben führen zu können.

Nicht zu unterschätzen ist auch die Beziehung, die zwischen dem Jugendlichen und dem Pädagogen durch die Zusammenarbeit im Rahmen des Verstärkersystems aufgebaut und intensiviert wird. Martin Baierl schreibt in seinem Buch: „Verstärkersysteme [...] eignen sich [...] für alle Jugendlichen, die viel Aufmerksamkeit und Bestätigung brauchen" (Baierl 2008, S. 99). Das Aufwachsen im Heim stellt für Jugendliche eine besondere Herausforderung dar. Stigmatisierungsprozesse von der Außenwelt müssen genauso kompensiert werden, wie emotionale Entbehrungen. Aufgrund der Gruppengröße kommen die Bedürfnisse des einzelnen oft zu kurz. Durch den Einsatz des Verstärkersystems können Nachteile des Heimlebens abgemildert werden. Die Erzieher nehmen sich Zeit für jeden einzelnen Jugendlichen und setzen sich intensiv mit dessen Bedürfnissen auseinander. Die Jugendlichen erfahren, dass sie ernst genommen und wertgeschätzt werden. Sie bekommen für ihr gezeigtes Verhalten Bestätigung in Form von materieller Verstärkung, aber auch in Form von Lob und Anerkennung durch den Pädagogen. Wichtige Grundlagen, um vertrauensvolle und intensive Beziehungen im Heimalltag zwischen Jugendlichen und Pädagogen aufzubauen, die sich auch bei anderen Gelegenheiten, außerhalb des Verstärkersystems, als lohnend erweisen können.

2.4. Ziele in der stationären Jugendhilfe

Um mit Verstärkerplänen arbeiten zu können, müssen Ziele erarbeitet werden. Die Erarbeitung von Zielen gehört in der stationären Jugendhilfe generell zum festen Bestandteil der täglichen Arbeit. Im Alltagsverständnis wird „Ziel" so verstanden, dass eine Person einen wünschenswerten Zustand antizipiert. Etwas detaillierter definieren Joachim Brunstein und Günter Maier Ziele. Sie sehen Ziele als „Anliegen, Projekte und Bestrebungen, die eine Person in ihrem Alltag verfolgt und in Zukunft realisieren möchte. Persönliche Ziele zeigen an, wie eine Person ihre Lebenssituation gestalten will, welche Anforderungen sie meistern möchte, welche Fähigkeiten sie erwerben will und welche Veränderungen sie in einzelnen Lebensbereichen anstrebt" (Brunstein/Meier 1996, S. 146). Im Folgenden werden Kriterien aufgeführt, welche von Seiten der Pädagogen beachtet werden sollten, damit Ziele sinnvoll und effektiv erarbeitet und formuliert werden können. Die genannten Kriterien werden zu einem späteren Zeitpunkt, bei der konkreten Erarbeitung von Zielen in Rahmen des Stufenplans zum Tragen kommen.

Die Formulierung von Zielen:

In einem ersten Schritt ist es wichtig, dass der Pädagoge gemeinsam mit dem Jugendlichen eindeutig definierte Ziele formuliert. Die Formulierung von präzisen und motivierenden Zielen ist der erste Schritt, zur Zielerreichung. Oftmals wissen Jugendliche nicht, was sie eigentlich wollen, oder sie können es nur schwer in Worte fassen. An dieser Stelle brauchen sie Unterstützung der Pädagogen, um positive Ziele formulieren zu können.

Wolfgang Jänicke und Michael Borg-Laufs weisen in ihrem Artikel darauf hin, dass Ziele „ökologisch" gestaltet werden müssen. „Da jedes Verhalten irgendwo nützlich ist, bedeutet ein Ziel ökologisch zu gestalten, es auf die geeigneten Kontexte zu beschränken" (Jänicke/Borg-Laufs 2007, S. 791). Jedes Ziel hat seinen Preis. Es gilt also, Kosten und Nutzen eines Zieles gut abzuwägen und dann eine Entscheidung zu treffen, die beides berücksichtigt. Um ein Ziel ökologisch gestalten zu können, müssen einige Kriterien beachtet werden, die im Folgenden aufgezählt und erörtert werden (vgl. Jänicke/Borg-Laufs 2007, S. 791):

- *Ziele sollten positiv, keine Negation, keine Vergleiche, keinen Konjunktiv enthalten.* Es reicht nicht aus zu wissen wo man nicht hin will, um in die richtige Richtung zu gehen. Aus diesem Grund sollte ein Ziel wie folgt formuliert sein: „Wenn ich nicht mehr weiter weiß, melde ich mich sofort bei meinem Erzieher" statt „Ich will aufhören, mich zu ritzen".

- *Ziele sollten eingeleitet und kontrollierbar durch die Person selbst sein.* Der Jugendliche und seine Umwelt müssen bemerken können, dass das Ziel erreicht wurde. „Ich will ein guter Schüler sein" ist zwar positiv formuliert und für viele Jugendliche erreichbar, aber sehr schwer zu überprüfen. „Ich will im Quali einen Durchschnitt von 2,0 erreichen" ist dagegen sehr konkret und kann überprüft werden. Nur bei überprüfbaren Zielen kann eine Standortbestimmung durchgeführt werden, um festzustellen, ob man sich seinem Ziel nähert bzw. dieses schon erreicht hat.

- *Ziele sollten spezifisch und konkret sein.* Das Ziel „in der Gruppe soll mehr Harmonie vorherrschen" ist nur sehr unspezifisch. In diesem Fall müssen Ziele konkretisiert werden. Eine neue Zielformulierung könnte wie folgt aussehen: „Wir benutzen keine Schimpfwörter mehr".
- *Ziele sollen angemessen groß/klein sein – also realisierbar – aber auch wichtig sein.* Setzen Jugendliche sich Ziele, deren Erreichbarkeit in Frage steht, oder welche erst in vielen Jahren erreicht werden können (z.B. Schulabschluss), ist es notwendig, Ziele in Teilziele zu unterteilen, die in absehbarer Zeit erreicht werden können (z.B. in der nächsten Deutschschulaufgabe mindestens eine 4 schreiben). Zur Erreichbarkeit gehört auch, dass es zumindest prinzipiell Wege gibt, ein Ziel zu erreichen. Idealerweise werden bereits bei der Zielvereinbarung Wege besprochen, die dem Jugendlichen zur Zielerreichung verhelfen.
- *Ziele sollten realistisch und für die Jugendlichen wichtig sein.* Es ist wichtig, dass bestimmte Kriterien bei der Zielformulierung eingehalten werden. Allerdings hilft es wenig, wenn ein Ziel nach allen formalen Kriterien erstellt wurde, der Jugendliche aber feststellt, dass ihn innerlich nichts dazu treibt, dieses Ziel tatsächlich zu verfolgen. Es nützt nichts, wenn die Pädagogen anspruchsvolle Ziele entwickeln, und die Jugendlichen diese einfach abnicken. Um ein Ziel erreichen zu können, muss der Jugendliche dieses auch aus eigener Motivation anstreben.

3. Die Idee des Praxisprojektes und die daraus resultierende Forschungsthese

Die Idee, die hinter dem Praxisprojekt steht, wird im Folgenden kurz erläutert. In der Heimerziehung ist es die Aufgabe der pädagogischen Fachkräfte, im Rahmen der Erziehungsplanung Ziele mit den Jugendlichen zu erarbeiten und sie bei der Zielerreichung zu unterstützen. Ziele können pauschal von der Gesetzgebung für alle Kinder und Jugendlichen in der Heimerziehung vorgegeben sein oder individuell auf die Bedürfnisse und Erfordernisse der Heranwachsenden abgestimmt sein. Ein generelles Ziel in der Heimerziehung z.B. ist Jugendliche, bei denen eine Rückführung in die Herkunftsfamilie ausgeschlossen ist, auf ein selbständiges Leben vorzubereiten. Individuelle Ziele dagegen sind spezifischer, sie basieren auf dem Wunsch eines Jugendlichen, z.B. mit dem Rauchen aufzuhören. Grundsätzlich lässt sich festhalten, dass Kinder und Jugendliche durch die Erarbeitung von Zielen in ihrer individuellen Entwicklung unterstützt und gefördert werden sollen. Damit Ziele erreicht werden können, sind einige Grundsätze zu beachten, die bereits in Punkt 2.4 erörtert wurden. Werden bei der Zielformulierung bestimmte Regeln eingehalten, wurde bereits der erste erfolgversprechende Schritt in Richtung Ziel gegangen.

Das Einhalten von bestimmten Regeln bei der Erarbeitung von Zielen ist sinnvoll, allerdings können Ziele auf sehr unterschiedliche Weise erreicht werden. An dieser Stelle ist ein Blickwechsel von der Pädagogik auf die Psychologie sinnvoll, wie er bereits in Punkt 2.2.1 theoretisch erfolgte. Die Lerntheorien beschreiben verschiedene Möglichkeiten, um neues Verhalten zu erlernen bzw. unerwünschtes Verhalten zu verlernen. Im Rahmen des Praxisprojektes wird in erster Linie die operante Konditionierung zum Einsatz kommen. Die operante Konditionierung erklärt einen Lernmechanismus, bei dem ein gezeigtes Verhalten in seiner Auftretenswahrscheinlichkeit durch die nachfolgende Konsequenz verändert werden kann. Eine Möglichkeit, diesen Lernmechanismus in Gang zu setzen, stellt die positive Verstärkung dar. Token-Economy-Systeme bauen auf der Grundlage der positiven Verstärkung auf. Mit dem Einsatz eines solchen Systems können Kinder und Jugendliche auf ihrem Weg zum Erlernen von neuem Verhalten unterstützt werden.

Das Praxisprojekt basiert auf diesen beiden Grundlagen. Es schlägt eine Brücke zwischen der Erarbeitung von Zielen und dem Einsatz von positiven Verstärkern. Die Idee des Praxisprojektes ist, Jugendliche durch den Einsatz eines Verstärkersystems auf ihrem Weg zur Zielerreichung zu begleiten und zu unterstützen. Die daraus resultierende Forschungsthese lautet:

Der Einsatz eines Verstärkersystems in einer heilpädagogischen Mädchengruppe, motiviert und unterstützt Jugendliche, bei der Erreichung eigener Ziele.

4. Zielentwicklung im Rahmen des Praxisprojektes

Auf Grundlage der Hypothese wird im Folgenden ein Wirkungsziel entwickelt, welches konkret mit der Durchführung des Praxisprojektes angestrebt werden soll. Die Vorgehensweise orientiert sich an dem Skript „Projektplanung und Evaluation" von Hiltrud von Spiegel welches im Rahmen des Studiums im Basa-Online-Modul O13 zur Verfügung gestellt wurde.

4.1. Wirkungsziel

Zunächst wird ein Wirkungsziel für das Praxisprojekt entwickelt. Wirkungsziele haben eine orientierende Funktion, da sie die allgemeine Richtung des Projektes bezeichnen. In ihnen drückt sich der gewünschte Zustand von Verhältnissen und Kompetenzen der Adressaten aus, die durch die Unterstützung der Fachkräfte erreicht werden sollen. (vgl. v. Spiegel 2008. S. 138).

Das Wirkungsziel des vorliegenden Praxisprojektes lautet:

Die Jugendlichen der heilpädagogischen Mädchengruppe des Kinderheim entwerfen eigene Ziele für die nahe Zukunft und arbeiten kontinuierlich an der Zielerreichung. Unterstützt und motiviert werden sie hierbei von einem Verstärkersystem.

Im Rahmen des Praxisprojektes sollen die Jugendlichen der heilpädagogischen Mädchengruppe eigene Ziele für die nahe Zukunft erarbeiten. Unterstützung erfahren sie hierbei durch ihre Bezugserzieherinnen. Die Realisierung und Erreichbarkeit der Ziele soll durch den Einsatz eines Verstärkersystems unterstützt werden.

4.2. Handlungsziele und Handlungsschritte

Im Folgenden werden drei Handlungsziele, welche das Praxisprojekt leiten, beschrieben und erklärt. In den Handlungszielen sind die Arbeitsziele der Fachkräfte festgehalten, die förderliche Bedingungen zur Zielerreichung beschreiben. In den einzelnen Handlungsschritten ist formuliert, was zur Erreichung der Handlungsziele erfolgen muss.

Handlungsziel 1: Die Jugendlichen der Mädchengruppe lassen sich auf den Einzug eines Verstärkersystems ein und arbeiten aktiv an der Zielerreichung

Ziel des Praxisprojektes ist, dass sich die Jugendlichen auf den Einzug des Verstärkersystems einlassen. Daher ist es die Aufgabe der Erzieherinnen von Anfang an die Motivation und das Interesse der Mädchen zu wecken, um sie für die Mitarbeit an der Zielentwicklung und Zielerreichung zu begeistern. Die Pädagoginnen sollen den Jugendlichen das Verstärkersystem nicht diktieren, sondern versuchen, sie von Anfang an in den Prozess des Einzuges des Systems zu involvieren. Damit das erste Handlungsziel erreicht werden kann, müssen die Erzieherinnen sehr wertschätzend und einfühlsam auf die Jugendlichen zugehen und gemeinsam mit ihnen Ziele entwickeln und an deren Erreichung arbeiten.

In der Literatur gibt es nur sehr wenige Aussagen über den Einsatz von Verstärkersystemen in der Heimarbeit. Verstärkersysteme werden in erster Linie im Kontext Schule oder Psychiatrie angewandt (vgl. Fliegel et al. 1998, S. 53). Das Praxisprojekt soll Auskunft darüber geben, ob sich Jugendliche in einer Heimgruppe ebenfalls auf ein solches System einlassen können und zur Mitarbeit bereit sind.

Das Ziel ist erreicht, wenn die Jugendlichen eine bestimmte Anzahl an Token innerhalb des Praxisprojektes sammeln und somit aktiv an der Zielerreichung mitarbeiten.

Handlungsziel 2: Die Beziehung zwischen Bezugserzieherin und Jugendlicher wird gestärkt

Handlungsziel zwei zielt darauf ab, dass sich durch die intensive Erarbeitung von Kompetenzen und Zukunftsperspektiven die Beziehung zwischen Pädagogin und Jugendlicher verändert. Im Alltag ist es häufig so, dass die Bezugserzieherin vor allem bei Schwierigkeiten mit ihrer Jugendlichen in Kontakt tritt. Häufig bleibt im Gruppengeschehen nur wenig Zeit, um sich über positive Entwicklungsschritte oder Verhaltensweisen auszutauschen. Im Rahmen des Stufenplans zur Entwicklung von Zielen ist dies umgekehrt. Hier geht es weniger darum, die Probleme der Jugendlichen zu vertiefen. Aufgabe der Pädagoginnen ist es, über positive Aspekte in der Vergangenheit und über Zukunftsperspektiven mit den Jugendlichen zu sprechen. Jede Bezugserzieherin nimmt sich gesondert Zeit für ihre Jugendliche, um mit ihr über Ressourcen und Pläne für die Zukunft zu sprechen. Gemeinsam werden mit der Jugendlichen Ziele erarbeitet, die sie bereits anstrebt bzw. gerne in naher Zukunft anstreben möchte. Die Pädagoginnen nehmen sich hierfür gesondert Zeit und begegnen der Jugendlichen mit viel Respekt und einer wertschätzenden Haltung.

Das Ziel ist erreicht, wenn sich die Jugendliche ihrer Bezugserzieherin öffnet und sie das Gefühl hat, dass sie in ihren Bedürfnissen und Anliegen ernst genommen wird.

Handlungsziel 3: Von den Jugendlichen erlerntes Verhalten wird stabilisiert, so dass auf Dauer keine kontingente Verstärkung mehr nötig ist

Mit dem dritten Handlungsziel soll angestrebt werden, dass die Jugendlichen auch ohne kontingente Verstärkung an ihrem Ziel arbeiten. Ziel ist, dass die Jugendlichen auch ohne die tägliche Vergabe von Verstärkern ihr selbst definiertes Ziel nicht aus den Augen verlieren. Die Verstärker, in Form von Token, sollen anfänglich die Jugendlichen bei der Zielerreichung unterstützen. Mit der Zeit soll sich eine Verhaltensstabilisation einfinden, wodurch die Arbeit an den eigenen Zielen zum festen Bestandteil des Alltags wird.

Dieses Ziel ist erreicht, wenn die Jugendlichen weiter an ihrem Ziel arbeiten, ohne dass sie dafür eine kontingente Verstärkung erfahren.

5. Planung und Durchführung des Praxisprojektes

5.1. Grundlagen im Team schaffen

Die Durchführung des Praxisprojektes war nur in Zusammenarbeit mit dem Gesamtteam der Mädchengruppe möglich. Für die Umsetzung des Projektes war es ausschlaggebend, dass alle Pädagoginnen an einem Strang ziehen und die Jugendlichen von den Vorteilen des Verstärkersystems überzeugen und zur Mitarbeit motivieren. Generell ist es in der Zusammenarbeit mit Menschen nur schwer möglich, bei seinem Gegenüber Neugierde und Begeisterung auszulösen, wenn diese beim Sozialarbeiter selbst nicht vorhanden ist. Ähnlich ist dies bei dem hier vorgestellten Praxisprojekt. Ziel war es daher, das der „Funke" von den Pädagoginnen auf die Jugendlichen überspringt. Aus diesem Grund waren im Rahmen des Praxisprojektes nicht nur Vorarbeiten bei den Jugendlichen zu leisten, sondern auch bei den Erzieherinnen, welche im Folgenden näher erläutert werden.

5.1.1. Kurzes Vorstellen des Teams

Im Team der Mädchengruppe arbeiten insgesamt 6 Pädagoginnen. Das Team setzt sich aus einer Diplompädagogin, zwei Erzieherinnen in Teilzeit (19,5 Wochenstunden), zwei Erzieherinnen in Vollzeit (39,5 Wochenstunden) einer Erzieherin im Annerkennungsjahr zusammen. Grundsätzlich lässt sich das Team als sehr harmonisch und flexibel beschreiben. Neue Ideen sind immer willkommen und die ständige Optimierung der pädagogischen Arbeit ist ein wichtiges Bestreben aller Mitglieder. Für die Umsetzung des Praxisprojektes eine wichtige Grundhaltung und Vorraussetzung.

Erwähnenswert an dieser Stelle ist weiterhin, dass die Betreuung der Jugendlichen nach dem Bezugserziehersystem erfolgt, d.h. jede pädagogische Fachkraft arbeitet mit ihrem Bezugskind konstant an den individuellen Zielen und hat die Hilfeplanung und -durchführung federführend in der Hand. Aufgrund der ungleichen Anzahl der Erzieherinnen und der Jugendlichen sind zwei Vollzeitkräfte jeweils für zwei Jugendliche zuständig.

Aufgrund der Tatsache, dass in der heilpädagogischen Mädchengruppe nur Frauen arbeiten, wird im praktischen Teil dieser Arbeit nur die weibliche Anredeform verwendet.

5.1.2. Klärung offener Fragen und Planung des genauen Vorgehens im Team

Die Vorbereitungen im Team erstreckten sich über 2 Teamsitzungen, die je 2 Stunden dauerten. Die Inhalte werden im Folgenden kurz erläutert:

1. Teamsitzung

In der ersten Teamsitzung wurde dem Team der heilpädagogischen Mädchengruppe die Idee des Praxisprojektes vorgestellt. Trotz vieler offener Fragen zu Beginn dieser Teamsitzung stieß die grundsätzliche Idee, ein Verstärkersystem in der Gruppe aufzubauen, auf viel Offenheit und Neugierde. Um Fragen in einem ersten Schritt zu klären, wurden dem Team die theoretischen Grundlagen des Praxisprojektes vorgestellt. Die erläuterte Theorie orientierte sich an Punkt 2 des vorliegenden Berichtes. Um den Teammitgliedern die Vorteile eines Verstärkersystems aufzuzeigen, ihnen aber auch gleichzeitig Ängste zu nehmen, wurden auf einem Flipchart die Vorteile und die Problematiken eines Verstärkersystems gesammelt und besprochen. Bereits an dieser Stelle zeigte sich, dass die Teammitglieder mit einem Verstärkersystem wesentlich mehr positive Erwartungen als Nachteile und Sorgen verbanden. Gefahren wurden z.B. darin gesehen, dass die Jugendlichen sich zu komplexe bzw. unrealistische Ziele setzen, bzw. einzelne Mädchen das Verstärkersystem boykottieren. Demgegenüber wurden jedoch sehr viele Vorteile erkannt, wie z.B. dass Erfolge von den Mädchen erlebt werden können und somit das Selbstbewusstsein gestärkt wird. Das komplette Ergebnis der ersten Teamsitzung wurde tabellarisch festgehalten und im Anhang dargestellt (s. Punkt 8.1).

2. Teamsitzung

Ziel der zweiten Teamsitzung war es, offene Fragen und die genaue Durchführung des Projektes zu planen. Die konkrete Durchführung des Praxisprojektes wird in Punkt 5.3 anhand einzelner Schritte noch einmal genau erläutert. Aus diesem Grund werden von der 2. Teamsitzung nur die offenen Fragen und darauf gefunden Antworten erläutert:

Welchen Namen soll unser Verstärkersystem tragen?

Der Begriff „Verstärkersystem" war dem Team zu sehr mit der Psychologie verbunden, daher entschied man den Begriff „Prämiensystem[1]" zu verwenden. Die Verstärker sollten in Zukunft „Prämien" genannt werden. Die Pädagogen verbanden mit Prämiensystemen das Sammeln von Bonuspunkten wie es z.b. beim Bonussystem „Payback" möglich ist. Die Pädagogen entschieden sich für diese Bezeichnung, weil Prämiensysteme den Jugendlichen aus der Erwachsenenwelt bekannt sind, diese Bonusprogramme dem Verbraucher Vorteile bringen und hierdurch mit positiven Erwartungen verbunden sind.

Wie machen wir unser Verstärkersystem transparent?
Die Entscheidung fiel nach vielen Vorschlägen auf ein Röhrensystem. An einem Gestänge sollte sich für jedes Mädchen ein Reagenzglas mit dessen Namen befinden. Erreichten die Jugendlichen an einem Tag ihr Ziel, bekämen sie hierfür eine Holzkugel in ihre Röhre. Eine Holzkugel sollte in Zukunft „Token" heißen. Die Mädchen sollten die Möglichkeit haben, bereits einen Token einzulösen, aber auch mehrere Token für eine größere Prämie zu sammeln. Das Röhrensystem würde im Büro des Teams stehen, wo es jederzeit für die Mädchen sichtbar wäre, aber von ihnen nicht manipuliert werden könnte.

Was ist ein Token wert?
Wichtig war dem Team, dass das Verstärkersystem finanzierbar bleibt. Es war unrealistisch, einem Token einen hohen Geldwert beizumessen, da prinzipiell keine extra Gelder zur Verfügung ständen. Das Team einigte sich darauf, dass ein Token ca. 0,15 Euro wert sein soll. Die Gelder hierfür konnten aus der Gruppenkasse finanziert werden.

Wann können die Token eingelöst werden?

---

[1] Im weiteren Verlauf des Praxisprojektes werden die Begriffe „Verstärkersystem" und „Prämiensystem" synonym verwendet.

Es wurde festgelegt, dass die Mädchen jeden Mittwoch nach dem Gruppenabend bei der diensthabenden Erzieherin ihre Token gegen eine Prämie eintauschen können. Die Ausgabe der Prämien nach dem Gruppenabend würde einen weiteren Vorteil mit sich bringen, so die Überlegung der Erzieherinnen, der zur Motivationssteigerung der Mädchen beitragen sollte. Die Mädchen könnten sehen, was ihre Freundinnen erreicht und welche Vergünstigungen sie sich erarbeitet haben.

Welche Prämien können wir zur Verfügung stellen?
Um bestehende finanzielle Rahmenbedingungen einzuhalten, sollten in erster Linie gespendete Gegenstände als Prämien angeboten werden (z.B. Karten für ein Fußballspiel, Handys). Weiterhin sollten die Jugendlichen die Möglichkeit bekommen, Token gegen Ausgangsgutscheine und Mediengutscheine einzulösen. Für 3 gesammelte Token könnte ein Gutschein für eine halbe Stunde längeren Ausgang oder eine halbe Stunde Internetnutzung eingewechselt werden. Die dritte Art von Prämien sollte sich an den individuellen Bedürfnissen der Mädchen orientieren. Die Mädchen dürften sich selbst eine Prämie überlegen, welche von den Erzieherinnen gekauft würde. Die Mädchen hätten so die Möglichkeit Token für ihre individuelle Prämie (z.B. besondere Süßigkeit, CD) zu sammeln.

Wie präsentieren wir die Prämien?
Die Prämien würden in einem Regal in einem abschließbaren Raum gelagert. An den Prämien sollte die benötigte Tokenanzahl vermerkt werden, für die sie einzutauschen sind. Jeden Mittwoch hätten die Jugendlichen im Beisein der Erzieherinnen Zugang zu diesem Raum.

Wie werden die Ziele erarbeitet?
Die Ziele werden in Zusammenarbeit mit den Jugendlichen erarbeitet. Jede Bezugserzieherin entwickelt die Ziele individuell mit ihrer Jugendlichen.

Nachdem wichtige Fragen zum Einzug des Verstärkersystems geklärt waren, stand die detaillierte Umsetzung zur Debatte. Hierfür wurde bereits im Vorfeld ein Stufenplan erarbeitet, der mit den Ideen und Vorschlägen des Teams erweitert wurde. Der Stufenplan wird in Punkt 5.3 „Ablauf des Praxisprojektes" vorgestellt und erläutert.

5.2. Grundlagen bei den Jugendlichen schaffen

Neben dem Vorstellen des Verstärkersystems bei den Erwachsenen war es genauso wichtig, die Jugendlichen für den Einzug eines Verstärkersystems zu begeistern. Beim Gruppenabend wurde den Mädchen die Arbeit mit einem Verstärkersystems näher gebracht und erste Neugierde geweckt. Die Vorgehensweise und die Reaktionen der Jugendlichen werden in Punkt

5.2.2. näher erläutert. In einem vorhergehenden Schritt wird zunächst die Mädchengruppe vorgestellt.

5.2.1. Kurzes Vorstellen der Mädchengruppe

Die Jugendlichen in der Wohngruppe des Kinderheimes werden nach §27 SGB VIII in Verbindung mit §34 Heimerziehung/ §36 Hilfeplanung/ §41 Hilfen für junge Volljährige oder §35a Eingliederungshilfen für seelisch behinderte Kinder und Jugendliche betreut.

Aufgenommen werden Kinder und Jugendliche (12-16 Jahre) aus allen Lebenslagen und Religionen, die eine heilpädagogische Maßnahme benötigen:

- weil, in der Herkunftsfamilie ein Zusammenleben durch verschiedene Problematiken (z.B. sexuellen Missbrauch, Verwahrlosung, usw.) nicht mehr möglich ist.
- weil die Mädchen, durch konstitutionelle und/oder soziale Defizite in ihrer altersgemäßen Persönlichkeitsentwicklung erheblich beeinträchtigt sind und vorübergehend oder auf Dauer eine familienersetzende Betreuung und Erziehung benötigen.
- weil die Herkunftsfamilie oder die bisherigen Erziehungspersonen aufgrund schwerwiegender eigener Problematiken (z.b. Alkohol- oder Drogenprobleme) eine förderliche Erziehung nicht mehr gewährleisten können.
- weil das Ausmaß an Störungen im Erleben und Verhalten des Kindes oder Jugendlichen die Möglichkeiten der bisherigen Bertreuungspersonen deutlich übersteigt und die Ressourcen der Familie für eine ambulante Maßnahme nicht ausreichen.

Ein generelles Ziel in der pädagogischen Arbeit in der Mädchengruppe ist die Rückführung bzw. bessere Integration der Mädchen in ihren Familien oder aber je nach Alter auch eine Vorbereitung auf die Verselbstständigung. Somit gehört es zu den Aufgaben der pädagogischen Fachkräfte, den jungen Menschen eine Anleitung zu prosozialem Verhalten zukommen zu lassen und jedes Mädchen in seinen individuellen Fähigkeiten zu unterstützen und zu fördern.

5.2.2. Neugierde und Motivation bei den Jugendlichen wecken

Die Vorstellung des Verstärkersystems bei den Jugendlichen setzte sehr viel Fingerspitzengefühl bei den Pädagoginnen voraus. Wenn die Mädchen bereits zu diesem Zeitpunkt zum Verstärkersystem negative Einstellungen entwickelten, wäre eine spätere Einführung des Systems äußerst schwierig und mit großer Wahrscheinlichkeit zum Scheitern verurteilt.

Die Vorstellung des Verstärkersystems erfolgte im Rahmen des Gruppenabends, an welchem die Teilnahme für alle Jugendlichen der Gruppe verpflichtend ist. Der Gruppenabend bietet die Möglichkeit, in Form von einer Gesprächsrunde gruppeninterne Anliegen und Vorkommnisse zu besprechen.

Anhand von Plakaten stellten die Erzieherinnen das Prämiensystem vor und erläuterten die Vorteile für die Mädchen. Zu Beginn der Einführung waren die Mädchen sehr skeptisch. Die Jugendlichen fürchteten, dass in Zukunft viel mehr Arbeiten und Pflichten auf sie zukommen würden. Da es eine Erziehungsplanung mit der Erarbeitung von Zielen aber bereits im Heim gab, konnten die Erzieher die Mädchen beruhigen. Während in der „alten" Erziehungsplanung sehr viele Ziele in unterschiedlichen Bereichen (Schule, Freizeit, Selbständigkeit usw.) erarbeitet werden mussten, würden die Jugendlichen in Zukunft nur noch ein Leitziel verfolgen. Schwierig für die Mädchen zu glauben war auch die Tatsache, dass das Verstärkersystem nur Vorteile mit sich bringen sollte. Die Jugendlichen hatten Sorge, dass sie, wenn sie ihr Ziel nicht verfolgen bzw. erreichen, eine Strafe bekommen würden. Die Erklärungen der Erzieher konnten ihnen diese Sorge weitgehend nehmen. Mit Hilfe des Prämiensystems konnten sie nur Vorteile für sich selbst sammeln, eine Bestrafung war nicht vorgesehen. Die Erzieher erklärten auch noch einmal, dass jedes Mädchen letztendlich selbst bestimmen konnte, ob es sein Ziel erreichen möchte oder nicht. Wenn ein Mädchen an einem Tag nicht an seinem Ziel arbeiten wollte, bekam es für diesen Tag einfach keinen Token. Am nächsten Tag würde sich jede einzelne wieder neu entscheiden können, ob sie an ihrem Ziel weiterarbeiten möchte. Die Ziele würden auch nicht von den Erzieherinnen festgelegt, sondern von den Jugendlichen selbst. Diese Aussage war für die Jugendlichen von großer Bedeutung. Die Möglichkeit selbst über das System entscheiden zu können, förderte die Motivation zur Mitarbeit. Zum Schluss des Abends war es die Aufgabe der Mädchen in zweier Teams nach möglichen Prämien zu suchen. Auf Plakaten präsentierten die Jugendlichen ihre Wünsche, wie z.B. Gutscheine für MC Donalds, Kino-Karten oder Bücher. Gemeinsam wurden die Ideen besprochen und in realisierbar und nicht realisierbar eingeteilt. Da die Jugendlichen dies selbst übernehmen durften, argumentierten sie die Wünsche sehr realistisch. Letztendlich wurde eine Liste mit realisierbaren Vorschlägen der Mädchen angefertigt, die durch Vorschläge von Seiten der Erzieherinnen ergänzt wurde.

Am Ende des Abends erklärten sich alle Mädchen in einer Feedbackrunde bereit, sich auf den Einzug des Verstärkersystems einzulassen.

5.3. Ablauf des Praxisprojektes

In den kommenden zwei Wochen war es die Aufgabe jeder Bezugserzieherin, gemeinsam mit ihrer Jugendlichen Ziele für das Verstärkersystem zu erarbeiten.

Im Folgenden wird der in Absprache mit dem Team ausgearbeitete Stufenplan vorgestellt. Der Stufenplan gibt den Erzieherinnen eine Richtung für den Gesprächsaufbau mit den Jugendlichen und soll somit die Zusammenarbeit zwischen Bezugserzieherin und Jugendlicher positiv unterstützen. Die Entwicklung des Stufenplans orientierte sich am lösungsorientierten Programm „Ich schaffs! – Cool ans Ziel" von Christiane Bauer und Thomas Hegemann, an der „Lösungsorientierten Beratung" von Günter Bamberger und an dem Buch „Methodisches Handeln in der Sozialen Arbeit" von Hiltrud von Spiegel.

Schritt 1: Attraktive Zukunftsperspektive erarbeiten (Ressourcendefinition/-beschreibung)

Der erste Schritt des Stufenplans beginnt mit einem Gespräch zwischen Bezugserzieherin und Jugendlicher. Für dieses Gespräch werden im Folgenden Vorschläge zur Vorgehensweise gegeben.

Zu Beginn des Gespräches ist es wichtig, eine positive Atmosphäre zu schaffen. Hierzu gehört neben der bewussten **Wahl des Gesprächszeitpunktes** auch die **Wahl des Gesprächsrahmens**. Die Gespräche können im Büro stattfinden, genauso aber auch bei einem Spaziergang oder beim gemeinsamen Handwerken. Jede Bezugserzieherin sollte hier individuell entscheiden, welche Situation am Besten für „ihre" Jugendliche passt.

Beginnen sollte das Gespräch mit einer Unterhaltung, was der Jugendlichen gerade gut gelingt und wo sie bereits **Erfolge** erzielen konnte. Ziel ist es, gemeinsame Aspekte im Leben der Jugendlichen zu finden, auf die sie stolz sein kann. Aspekte, die sie trotz widriger Umstände gut angepackt und für die sie bereits Bestätigung erfahren hat. Schwierig kann die Unterhaltung an diesem Punkt werden, wenn von der Jugendlichen Leistungen erwähnt werden, die gemeinhin eher kritisch gesehen werden, wie z.B. erfolgreiches Stehlen. Um mit der Jugendlichen dann weiterhin in gutem Kontakt zu bleiben ist es sinnvoll, die Aspekte, die eine Kompetenz voraussetzen, in den Vordergrund zu rücken und die fragwürdigen Aspekte an die Seite zu stellen.

Nachdem sich Bezugserzieherin und Jugendliche darüber unterhalten haben, was gut läuft oder auch gut gelaufen ist im Leben der Jugendlichen, wird der Blick auf die Aspekte gelenkt, die **schwierig** sind. Leitfragen hierfür können sein: „Was nervt dich?", „Was stört dich?", „Was stört andere an dir?", „Was muss sich verändern?". Wichtig ist an dieser Stelle, dass die eher defizit- und problemorientierten Fragen nicht zu viel Raum einnehmen, um die Jugendlichen nicht zu demotivieren.

Nachdem die schwierigen Seiten im Leben der Jugendlichen besprochen wurden, wird der **Blick in die Zukunft** gerichtet. Formulierungen, die zu dieser Perspektive einladen, können wie folgt aussehen: „Wenn du an dein Leben nach der Schule denkst …", „Wenn du erwachsen bist…" oder „Wenn du aus der Mädchengruppe ausziehst…". Ziel ist, gemeinsam mit der Jugendlichen ein visionäres Bild einer guten Zukunft zu kreieren. Visionen sind für Jugendliche wichtig, um positiv und motiviert in die Zukunft zu blicken. Für viele Jugendliche bewähren sich auch bildliche Darstellungen, die ihnen helfen, komplexe Ideen zu symbolisieren. Gemeinsam kann mit der Jugendlichen ein Zeitsprung gemacht und in eine gute Zukunft gereist werden. Die Erzieherin kann nun nachfragen, wie es jetzt im Leben der Jugendlichen läuft, wo sie lebt, wie das Verhältnis zur Familie und zu Freunden ist, was sie schon gelernt hat, wo sie arbeitet und wie sie ihre Freizeit gestaltet.

Ziel des 1. Schrittes ist es, eine Idee des Lernens zu fördern und zu einer eigenen Entwicklungsperspektive einzuladen. Gemeinsam mit der Jugendlichen wird nach Ressourcen gesucht, die der Jugendlichen bisher geholfen habe, ihr Leben zu bewältigen, um im Anschluss gemeinsam eine Vision von einer attraktiven Zukunft zu skizzieren.

Schritt 2: Ziele setzen (Problemdefinition/- beschreibung)

Im ersten Schritt wurden mit der Jugendlichen Ideen für eine gute Zukunft entwickelt, im zweiten Schritt gilt es, gemeinsam mit ihr konkrete Ziele zu erarbeiten.

Jugendlichen fällt es oft schwer, Zielvorschläge von Erwachsenen anzunehmen. Autonomie und Selbstbestimmung sind grundlegende Werte für diese Altersgruppe. Wichtig ist daher, dass die Jugendlichen selbst ihre Ziele wählen und diese auch mit eigenen Mittel erreichen können. Nur so kann Motivation für Veränderungen geschaffen werden. Von Seiten der pädagogischen Fachkräfte verlangt dieses Vorgehen Zurückhaltung und Vertrauen in die Fähigkeiten der Jugendlichen. Die Grundhaltung der pädagogischen Fachkräfte sollte daher bei der Erarbeitung von Zielen von Wertschätzung und Respekt geprägt sein.

Die Ziele der Jugendlichen können sehr unterschiedlich sein. Sie können im Bereich der sozialen Anerkennung liegen oder sich auf den eigenen Körper beziehen. Auch in Hinsicht auf die schulische und berufliche Laufbahn können Ziele entwickelt werden. Wichtig bei allen Zielen ist, dass sie präzise formuliert, realistisch und erreichbar sind. In der ersten Teamsitzung äußerten die Erzieherinnen Unsicherheiten und Zweifel an dem Einsatz eines Verstärkersystems in der Mädchengruppe. Im Folgenden werden diese Bedenken noch einmal aufgegriffen und mögliche Lösungsansätze vorgestellt.

Die Mädchen setzen sich zu komplexe Ziele

Jugendliche formulieren ihre Ziele häufig sehr allgemein und sehr komplex. Sie möchten eine Kariere als Modell oder Fußballstar starten. Sie wünschen sich mehr Wertschätzung, einen festen Freund oder eine bestimmte Berufsausbildung. Hier gilt es, die Jugendlichen zu fragen, welche Schritte sie zu diesem Ziel führen können. Gemeinsam müssen Teilziele erarbeitet werden, deren Umsetzung realistisch sind. Teilziele für den Wunsch nach einer bestimmten

Berufsausbildung können z.b. sein, zwei Bewerbungen in der Woche schreiben oder sich um einen Praktikumsplatz kümmern.

Wichtig ist, dass die Jugendlichen ihre Ziele selbst formulieren, da nur so Motivation geschaffen werden kann. Vorschläge von Seiten der Erzieher können als Angebot unterbreitet werden, wie z.B. „Wir hatten schon einmal ein Mädchen in der Gruppe, die hat das so gemacht". Die Erzieherin sollte sich allerdings darauf beschränken, nur Möglichkeiten vorzustellen, aus denen die Jugendliche dann auswählen kann. Im Anschluss, ist mit der Jugendlichen ein Ranking im Sinne der Gewichtung der Ziele vorzunehmen. Sie selbst muss festlegen, was vorrangig und nachrangig ist. Möglich ist dies z.b. durch die Auflistung auf Postern oder durch Skalenarbeit auf Papier.

Die Mädchen setzen sich zu visionäre Ziele

Suchen sich die Mädchen zu visionäre Ziele, ist es wichtig auch diese Ziele ernst zu nehmen. Allerdings gilt es die visionäre Ebene wieder zu verlassen und konkret zu werden. Möglich ist dies durch konkretes Nachfragen von Seiten der Erzieherinnen (Wie möchtest du das ganz genau machen? Was wäre ein erster kleiner Schritt in die gewünschte Richtung?). Sobald sich die Jugendliche konkret äußert, ist es sinnvoll, diese Ziele schriftlich festzuhalten.

Die Mädchen wünschen sich eine Verhaltensänderung von Dritten

Viele Jugendliche wünschen sich in ihren Zielen eine Verhaltensänderung Dritter. Sie wünschen sich mehr Akzeptanz in der Gruppe oder das ein Junge sich auf sie einlässt. Wichtig ist hier, die Jugendlichen zu fragen, was sie selbst dazu beitragen können, dass sich die Wahrscheinlichkeit erhöht, dass das Ziel eintritt. Die Ziele müssen dann so umformuliert werden, dass die Jugendliche ihren Beitrag zur Erreichung des Zieles leisten kann. Wünscht sich ein Mädchen z.b. mehr Akzeptanz in der Gruppe, könnte ein Ziel sein, dass sie öfters von sich aus mit den einzelnen Gruppenmitgliedern Kontakt aufnimmt.

Ziel des 2. Schrittes ist, dass die Jugendlichen Ziele für eine bessere Zukunft entwickeln. Die Erzieherinnen sollen sie hierbei begleiten und unterstützen, die Ziele dürfen aber nicht vorgegeben werden, sondern müssen von der Jugendlichen selbst entwickelt werden.

Schritt 3: Erstellen eines konkreten Plans zum weiteren Vorgehen

Aus den in Schritt 2 gefundenen Zielen wird im 3. Schritt ein Ziel ausgewählt, an welchem die Jugendliche in den nächsten 3 Monaten intensiv arbeiten möchte. Das Ziel, welches die Jugendliche auswählt, kann für sie besonders attraktiv sein oder eine Verbesserung von bisherigen Problemfeldern darstellen. Für das Verstärkersystem ist es wichtig, dass **jeden Tag** (also auch am Wochenende) an diesem Ziel gearbeitet und die Jugendliche dementsprechend jeden Tag einen Token für das Erreichen ihres Zieles bekommen kann. Weiterhin ist es von Bedeutung, dass die Ziele innerhalb von **drei Monaten** erreicht werden können, bzw. in dieser Zeit ein sichtbarer Fortschritt in Richtung Zielerreichung stattgefunden hat. Die Dauer von drei Monaten wurde bewusst gewählt. Drei Monate stellen genügend Zeit dar, um eine neue, nicht zu komplexe Verhaltensweise aufzubauen und zu stabilisieren. Der Zeitraum ist nicht zu lange gewählt, so dass die gewählten Ziele im Laufe der Zeit uninteressant bzw. unbedeutend für die Jugendlichen werden würden. Diese zwei Bedingungen sind wichtige Vorraussetzungen, um das Praxisprojekt im vorgegebenen Zeitrahmen durchführen und evaluieren zu können. Für jedes Mädchen wird im Anschluss ihr Ziel auf einem Plakat festgehalten. Die Mädchen dürfen sich ihr Plakat ins Zimmer hängen, um ihr Ziel nicht aus den Augen zu verlieren[2].

Ziel des 3. Schrittes ist es, ein konkretes Ziel zu vereinbaren, welches im Rahmen des Verstärkersystems unterstützt und erreicht werden kann. Dieser dritte Schritt beendet die Vorbereitungsphase und leitet in die Projektphase über.

Schritt 4: Zwischengespräch

Nach Ablauf des zweiten Monats (in der 8. Woche) erfolgt ein zweites Gespräch zwischen Bezugserzieherin und Jugendlicher. Das Verstärkersystem ist bereits seit über sieben Wochen im Einsatz und erste Erfahrungen können ausgetauscht werden. Wie auch im ersten Gespräch soll die Erzieherin eine vertrauensvolle Atmosphäre zur Jugendlichen herstellen. Es geht nicht darum, der Jugendlichen die fehlende Motivation zur Arbeit an ihren eigenen Zielen vorzuhalten. Vielmehr soll die Jugendliche für ihren bereits gezeigten Einsatz Lob und Anerkennung erfahren. Selbst kleine Schritte, sind Schritte in die richtige Richtung.

Gleichzeitig gilt es zu überprüfen, was noch nötig ist, um die Jugendliche noch vermehrt bei der Erreichung ihres Zieles zu unterstützen. Vielleicht wünscht sich die Jugendliche, abends noch einmal extra auf ihr Ziel hingewiesen zu werden. Vielleicht fällt es ihr leichter, an das Tragen ihrer Zahnspange zu denken, wenn die Erzieherin sie beim Gute-Nacht-Sagen noch einmal erinnert. Vereinbarungen dieser Art können innerhalb des Gespräches getroffen werden.

Sinnvoll ist es auch, die Ziele noch einmal genau zu überprüfen. Bekommt die Jugendliche keine Token, weil ihr Ziel vielleicht zu schwierig ist oder nach zwei Monaten für sie keine Relevanz mehr hat? In diesem Fall sollten das Ziel, ohne es aufzugeben, noch einmal genau hinterfragt werden und auf die jetzigen Bedürfnisse der Jugendlichen abgestimmt werden.

---

[2] Die konkreten Ziele der Mädchen sind im Anhang unter Punkt 8.2 nachzulesen.

Im Rahmen des Zwischengespräches sollte auch die Rede noch einmal auf die Verstärker gelenkt werden. Für welche Prämie möchte die Jugendliche ihre Token gezielt einlösen? Vielleicht ist in dem Prämienregal kein Anreiz für die Jugendliche vorhanden, Token zu sammeln. In diesem Fall sollte sich die Erzieherin mit der Jugendlichen auf die Suche nach kleinen „Herzenswünschen" machen, welche die Motivation zum Token sammeln wieder steigern.

Ziel des vierten Schrittes ist, die bisherige Arbeit an den Zielen gemeinsam mit der Jugendlichen zu hinterleuchten. Wenn nötig, muss das Ziel noch einmal modifiziert und die Verstärker individuell auf die Bedürfnisse der Jugendlichen abgestimmt werden. Mit dem Gespräch soll neue Motivation zur Weiterarbeit an den Zielen geschaffen werden.

Schritt 5: Intermittierende Verstärkung

Nach drei Monaten Laufzeit endet die Hauptphase des Verstärkersystems. Die Jugendlichen haben zu diesem Zeitpunkt ihr Ziel mehr oder weniger erreicht. In der 13. Woche findet daher ein weiteres Gespräch zwischen Bezugserzieherin und Jugendlicher statt (Abschlussgespräch). In diesem Gespräch wird überprüft, ob das Ziel erreicht wurde, oder ob es sinnvoll ist, auch in Zukunft weiter an diesem zu arbeiten. Die Bezugserzieherin überprüft die Zielerreichung anhand einer Time Line. Der Anfang der Time Line stellt den Einzug des Verstärkersystems dar. Die Time Line endet mit dem erreichten Ziel. Die Jugendliche positioniert sich dazwischen. Bildlich kann nun dargestellt werden, wie weit die Jugendliche noch von ihrem Ziel entfernt ist, bzw. dieses schon erreicht hat.

Stellt die Jugendliche fest, dass sie ihr Ziel noch nicht im gewünschten Maße erreicht hat, wird das Ziel weiter beibehalten. Konkret heißt dies, dass die Jugendliche auch in den nächsten 3 Monaten weiter an ihrem Ziel arbeitet. Evtl. muss das Ziel hierfür noch einmal umdefiniert bzw. auf den jetzigen Entwicklungsstand der Jugendlichen umgeändert werden.

Kommt die Jugendliche zu dem Schluss, dass sie ihr Ziel schon ganz bzw. schon fast erreicht hat, beginnt eine neue Phase. Erzieherin und Jugendliche besprechen, welche Vorteile die Zielerreichung mit sich brachte. Dabei kommt es nicht darauf an, große Vorteile zu finden, sondern schon kleine Erleichterungen im Alltag tragen zur Verbesserung der Lebenssituation bei. Um die Jugendliche auch in Zukunft zu motivieren, ihr Ziel beizubehalten, wird die Arbeit am eigenen Ziel weiterhin belohnt. Allerdings in einem geringeren Maße, als die letzten drei Monate (intermittierende Verstärkung[3]). Die Erreichung des eigenen Ziels wird einen

---

[3] Bei der intermittierenden Verstärkung folgt nicht, im Gegensatz zur kontingenten Verstärkung, auf jedes Verhalten eine Verstärkung. „Dies führt zu einem langsameren Lernprozess, gleichzeitig aber auch zu einer größeren Resistenz gegenüber Löschung. Intermittierende Verstärkung wird meist am Ende einer operanten Intervention eingesetzt […]" (Margraf/Schneider 2009, S. 670). Ziel der intermittierenden Verstärkung ist es, dass die Jugendlichen langsam das neu erworbene Verhalten aus eigener Motivation oder Gewohnheit heraus produzieren und festigen sollen.

Monat lang nicht mehr jeden Tag verstärkt, sondern nur noch in regelmäßigen Abständen. In den ersten zwei Wochen wird das Ziel nur jeden zweiten Tag verstärkt, d. h. wenn die Jugendliche zweimal hinter einander ihr Ziel erreicht hat, bekommt sie hierfür einen Token. In der dritten und vierten Woche wird ein Token verteilt, wenn die Jugendliche dreimal hinter einander ihr Ziel erreicht hat.

Gleichzeitig zur intermittierenden Verstärkung werden in der 13. Woche schon neue Ziele definiert. Hierfür wird wieder der Stufenplan verwendet, welcher – wie beim ersten Durchlauf – beim ersten Schritt anfängt. Konkret bedeutet dies für die Praxis, dass kontigente und intermittierende Verstärkung einen Monat parallel verlaufen.

Ziel des 5. Schrittes ist es, die von den Jugendlichen neu erlernten und aufgebauten Verhaltensweisen zu stabilisieren. Dieses Ziel wird mit Hilfe von intermittierender Verstärkung angestrebt.

6. Evaluationsdesign

Im Folgenden wird ein Evaluationsdesign entwickelt. Eine Evaluation besteht nach Hiltrud von Spiegel aus einer kriteriengeleiteten „systematischen und schriftlichen Datensammlung und deren Analyse, die der Bewertung von Ereignissen und Prozessen dient" mit dem Ziel, berufliches Handeln zu optimieren (von Spiegel 2008, S. 143). Ziel der Evaluation im Rahmen des Projektes ist herauszufinden, inwieweit die entwickelten Handlungsziele in der Praxis umgesetzt werden konnten. Die Ergebnisse sollen den Pädagoginnen der Mädchengruppe ein Instrument an die Hand geben, welches ihnen eine Weiterentwicklung des Verstärkersystems ermöglicht. Grundsätzlich muss festgehalten werden, dass ein gefundener Zusammenhang zwischen der methodischen Vorgehensweise und dem messbaren Ergebnis auf Grund der Komplexität und Kontextgebundenheit sozialer Prozesse nur eingeschränkt generalisierbar ist (vgl. von Spiegel 2007, S. 12).

6.1. Eingrenzung des Untersuchungsfeldes

Die strukturierte Beobachtung wurde von den Erzieherinnen der Mädchengruppe durchgeführt. Beobachtet wurden über die Dauer von vier Monaten alle 8 Jugendlichen der Gruppe. An der Gruppenbefragung nahmen ebenfalls alle acht Mädchen, sowie das vollständige Team der Mädchengruppe teil (Vollerhebung). Erzieherinnen, die für zwei Bezugskinder zuständig waren, füllten nacheinander für jede ihrer Jugendlichen einen Fragebogen aus. Diese Vorgehensweise sollte das Ergebnis weniger verfälschen, da die Mädchen sehr unterschiedlich sind und die Erzieherinnen im Rahmen des Fragebogens jeder einzelnen gerecht werden konnte. Die Autorin beteiligte sich sowohl beim Ausfüllen des Beobachtungskalenders, als auch bei der schriftlichen Gruppenbefragung der Erzieherinnen. Um das Ergebnis nicht zu manipulieren, reflektierte sie intensiv ihre eigene Rolle.

6.2. Ableitung der Fragestellungen

Im Folgenden werden anhand der in Punkt 4.2 entwickelten Handlungsziele Untersuchungsfragestellungen abgeleitet. Durch die Auswertung und Interpretation der Ergebnisse der Untersuchungsfragestellungen soll überprüft werden, ob die Handlungsziele in der Praxis erreicht wurden. Dabei erfolgt bei den qualitativen Untersuchungsfragestellungen die Überprüfung mit Hilfe von Indikatoren. Indikatoren sind Maßstäbe für die konkrete Einschätzung der Zielerreichung, die beobachtbar, erfragbar und einschätzbar sind (vgl. vom Spiegel 2008. S. 138).

Handlungsziel 1: Die Jugendlichen der Mädchengruppe lassen sich auf den Einzug eines Verstärkersystems ein und arbeiten aktiv an der Zielerreichung

Aus dem Handlungsziel 1 wurden folgende Untersuchungsfragestellungen abgeleitet:

Untersuchungsfragestellung 1a: Wie viele Token sammeln die Mädchen innerhalb eines Monats, wenn eine kontingente Verstärkung erfolgt?

- Mit der Untersuchungsfragestellung 1a soll herausgefunden werden, wie viele Token jedes einzelne Mädchen sammelt. Die Anzahl der Token gibt Aufschluss darüber, ob und in welchem Maße die Jugendlichen Token gesammelt haben, woraus Rückschlüsse gezogen werden können, inwieweit sich die Mädchen auf den Einzug des Verstärkersystems einlassen konnten.

Untersuchungsfragestellung 1b: Konnten im Verlaufe des Praxisprojektes Veränderungen bei den Jugendlichen in der Motivation Token zu sammeln festgestellt werden?

- Ziel der zweiten Fragestellung ist herauszufinden, ob Schwankungen beim Sammeln der Token feststellbar sind. Diese könnten evtl. Aufschluss geben, zu welchen Zeiten die Jugendlichen mit mehr und wann sie mit weniger Motivation ihre Ziele anstrebten.

Untersuchungsfragestellung 1c: Hängt der Erfolg in der Arbeit mit einem Verstärkersystem vom Alter der Jugendlichen ab?

- In der Literatur werden Verstärkersysteme in erster Linie in der Arbeit mit jüngeren Kindern eingesetzt. In jungen Jahren wird die Motivationssteigerung durch ein Verstärkersystem als besonders hoch angesehen. Verstärkersysteme, die speziell auf die Bedürfnisse von Jugendlichen abgestimmt sind, lassen sich in der Literatur nur selten finden. Aus diesem Grund stellt sich die Frage, ob durch den Einzug des Verstärkersystems bei den älteren Mädchen der Gruppe die gleichen Erfolge erzielt werden können, wie bei den jüngeren Mädchen.

Die Untersuchungsfragestellungen 1a, 1b und 1c werden anhand einer strukturierten Beobachtung überprüft.

Anhand einer qualitativen Erhebung soll die Untersuchungsfragestellung 1d überprüft werden. Die Erhebung der Untersuchungsfragestellung 1d erfolgt mit Hilfe einer schriftlichen Gruppenbefragung.

Untersuchungsfragestellung 1d: Welche Faktoren motivieren die Jugendlichen, Token zu sammeln?

- Anhand der Untersuchungsfragestellung 1d soll überprüft werden, welche Faktoren dafür verantwortlich sind, dass die Jugendlichen Token sammeln. Liegt die Motivation alleine bei den Prämien, die für die Token eingetauscht werden können, oder spielen noch andere Faktoren eine Rolle?

Handlungsziel 2: Die Beziehung zwischen Bezugserzieherin und Jugendlicher wird gestärkt

Aus dem Handlungsziel 2 wurden folgende Untersuchungsfragestellungen abgeleitet:

Untersuchungsfragestellung 2a: Erleben die Jugendlichen durch die gemeinsame Zielerarbeitung eine Verbesserung in ihrer Beziehung zu ihrer Bezugserzieherin?

- Es stellt sich die Frage, ob durch die Gespräche und die intensive Zusammenarbeit auch eine Veränderung der Alltagsbeziehung zur Bezugserzieherin von den Jugendlichen wahrgenommen wird.

Die Untersuchungsfragestellung 2a zielt auf Veränderungen im Beziehungskontext, welche die Jugendlichen im Rahmen des Praxisprojektes wahrnehmen können (Fremdwahrnehmung). In einem zweiten Schritt (Untersuchungsfragestellung 2b) sollen die Erzieherinnen befragt werden, ob auch sie Veränderungen erleben konnten (Selbstwahrnehmung). Dieses Vorgehen ermöglicht eine Gegenüberstellung zweier verschiedener Perspektiven, die miteinander in Beziehung gesetzt werden können.

Untersuchungsfragestellung 2b: Erleben die Bezugserzieherinnen durch die gemeinsame Zielerarbeitung eine Verbesserung in ihrer Beziehung zu ihrer Jugendlichen?

- Ziel der Untersuchungsfragestellung 2b ist zu überprüfen, wie die Pädagoginnen den Einsatz des Verstärkersystems erlebten und ob sie Veränderungen in der Beziehung zu ihrer Jugendlichen erfahren konnten.

Handlungsziel 3: Von den Jugendlichen erlerntes Verhalten wird stabilisiert, so dass auf Dauer keine kontingente Verstärkung mehr nötig ist

Aus dem Handlungsziel 3 wurde folgende Untersuchungsfragestellung abgeleitet:

Untersuchungsfragestellung 3: Konnte innerhalb der 3 Monate Laufzeit des Projektes eine Verhaltensstabilisation erreicht werden, so dass die Jugendlichen auch ohne kontingente Verstärkung an ihrem Ziel arbeiten?

- Mit der Untersuchungsfragestellung 3 soll überprüft werden, inwieweit die Arbeit an den eigenen Zielen zum festen Bestandteil im Leben der Jugendlichen geworden ist. Es stellt sich die Frage, ob die Jugendlichen ihre Ziele nur durch den Einsatz von kontingenter Verstärkung verfolgen, oder ob im Laufe der Zeit andere Faktoren eine kontingente Verstärkung ersetzen können. Überprüft wird diese Fragestellung im 4. Monat, wenn nur noch intermittierend verstärkt wird.

6.3. Entwicklung des Evaluationsinstruments

Aufgrund der Untersuchungsfragestellungen wurden zwei verschiedene Erhebungsmethoden gewählt. Beide Methoden werden im Folgenden näher vorgestellt.

6.3.1. Strukturierte Beobachtung (quantitative Erhebung)

Der erste Teil der Evaluation erfolgte im Rahmen einer strukturierten Beobachtung (Untersuchungsfragestellung 1a, 1b und 1c). „Der strukturierten Beobachtung liegt ein vorab erstelltes Beobachtungsschema zugrunde, das angibt, was und wie zu beobachten ist. Es definiert die Zahl und Art der Beobachtungseinheiten, deren besondere Dimensionen und gibt Beispiele für die Sprache, in der beobachtet werden soll" (Friedrichs/Lüdtke 1973 zitiert in: Atteslander/Cromm 2003, S. 95).

Für den Verlauf des Praxisprojektes wurde ein Beobachtungsschema in Form eines Beobachtungskalenders erstellt, welcher von den Pädagoginnen über 3 Monate geführt wurde. Mit der Wahl einer strukturierten Beobachtung und speziell des Beobachtungskalenders wurde ein hoher Grad an Quantifizierbarkeit, Kontrollierbarkeit und Vergleichbarkeit der erfassten Daten gewährleistet, die von subjektiven Interpretationen einzelner Beobachter weitgehend geschützt waren. Die Ziele der Jugendlichen wurden von vornherein klar definiert und die Vergabe der Token an objektive Kriterien gebunden, um auszuschließen, dass die Vergabe der Token aus Sympathie bzw. durch die subjektive Sichtweise der Erzieherinnen erfolgte. Weiterhin wurde die Beobachtung mit Hilfe eines Beobachtungskalenders durch andere Beobachter wiederholbar, wodurch eine erneute Testung in Zukunft möglich wäre.

Im Rahmen des Beobachtungskalenders wurden jeden Tag die von den Mädchen gesammelten Token festgehalten. In vorgefertigten Monatstabellen konnten die Erzieherinnen anhand eines Hakens die Vergabe von Token schriftlich festhalten. Am Ende der Woche wurde nachgeprüft, ob die vergebene Tokenanzahl mit den gesetzten Haken bei dem jeweiligen Mädchen übereinstimmte. Hier wurden keine Diskrepanzen festgestellt, was den Schluss zulässt, dass der Beobachtungskalender regelmäßig und gewissenhaft von den Erzieherinnen der Gruppe geführt wurde.

Für die Untersuchungsfragestellung 3 wurde ebenfalls ein Beobachtungskalender erstellt. So konnten die Pädagoginnen auch im vierten Monat des Praxisprojektes in vorgefertigten Tabellen die Tokenvergabe schriftlich fixieren. Auch hier galten die gleichen Bedingungen wie bei den vorherigen Beobachtungskalendern.

6.3.2. Schriftliche Gruppenbefragung (qualitative Erhebung)

Der zweite Teil der Evaluation wurde in Form einer schriftlichen Gruppenbefragung durchgeführt. Unabhängig voneinander wurden die Jugendlichen (Untersuchungsfragestellung 1d und 2a) und die Pädagoginnen (Untersuchungsfragestellung 2b) befragt. Eine schriftliche Gruppenbefragung liegt grundsätzlich dann vor, wenn „ein Fragebogen in Gruppensituation unter Anwesenheit eines Forschers beantwortet wird" (Atteslander/Cromm 2003, S. 155). Im Rahmen der schriftlichen Gruppenbefragung wurden den Jugendlichen und den Erzieherinnen Fragebögen vorgelegt, welche diese selbständig schriftlich beantworten sollten.

Schriftliche Befragungen haben in der Regel einen entscheidenden Nachteil. Die Erhebungssituation ist nicht kontrollierbar. Dieser Nachteil sollte in der vorliegenden Evaluation weitgehend ausgeräumt werden. Aus diesem Grund wurden sowohl die Jugendlichen, als auch die Erzieherinnen unter standardisierten Bedingungen bei Anwesenheit eines Untersuchungsleiters gleichzeitig schriftlich befragt. Diese Vorgehensweise brachte u.a. den Vorteil, dass die Aufsichtsperson für eventuelle Verständnisfragen zur Verfügung stand. Hierfür war allerdings wichtig, dass die Aufsichtsperson ihr eigenes verbales und nonverbales Verhalten unter strenger Kontrolle hielt, um die Antworten der Befragten nicht durch eigene Urteile und Bewertungen zu beeinflussen (vgl. Bortz/Döring 2005, S. 248). Grundsätzlich sollte sich die Aufsichtsperson einfach zurücklehnen und die Befragungssituation möglichst nicht stören. Fragen von den Jugendlichen bzw. den Erzieherinnen durften nur in einfachen kurzen Worten beantwortet werden.

Im Folgenden werden weitere Vorteile der schriftlichen Gruppenbefragung genannt, um die Wahl des Erhebungsinstruments der schriftlichen Gruppenbefragung zu begründen:

- Die Befragungssituation ist im Rahmen einer schriftlichen Gruppenbefragung kontrollierbar. Es wird garantiert, dass jede Jugendliche bzw. jede Erzieherin ihren eigenen Fragebogen ausfüllt.

- Die Rücklaufqoute liegt bei 100 %. Die Teilnahme ist für alle Jugendlichen und Erzieherinnen der Gruppe verpflichtend und es wird für die Beantwortung extra Zeit eingeplant. Somit wird verhindert, dass Fragebögen verloren oder vergessen werden.

- Die Fragebögen werden gleich nach dem Ausfüllen abgegeben, was eine sofortige Auswertung ermöglicht und eine Manipulation verhindert.

Um die Jugendlichen zur Teilnahme an der Gruppenbefragung zu motivieren, wurden sie schon zu Beginn der Befragung darauf hingewiesen, dass sie als Dank für ihre Mitarbeit bei der Abgabe ihres Fragebogens einen Internetgutschein erhalten würden.

Befragt wurden einerseits die Jugendlichen, als auch die Erzieherinnen der Mädchengruppe. Ziel war es, zwei verschiedene Perspektiven zu erlangen (Fremd- und Selbstwahrnehmung), die miteinander in Verbindung gesetzt werden konnten, um hieraus evtl. Rückschlüsse auf Verbesserungsmöglichkeiten des Verstärkersystems zu ziehen.

Der Aufbau des Fragebogens der Jugendlichen

Der Fragebogen der Jugendlichen begann mit einer eindeutig anleitenden Instruktion, wie der Fragebogen zu handhaben war. Um die Jugendlichen nicht abzuschrecken, wurde auf eine kurze Anleitung und eine einfache, verständliche Sprache wert gelegt. Wichtig war auch, dass den Jugendlichen die Anonymität zugesichert wurde, mit dem Ziel, dass die gegebenen Antworten weniger stark in Richtung auf die soziale Erwünschtheit verzerrt wurden. Es wurde innerhalb des Fragebogens auch auf Fragen verzichtet, die einen Rückschluss auf den Teilnehmer zuließen (z.B. durch direkte Fragen auf die Ziele). Um den Jugendlichen weiterhin ein hohes Maß an Anonymität zuzusichern, bekamen diese zusätzlich zum Fragebogen ein Kuvert ausgeteilt, in welche sie selbst die beantworteten Fragebögen stecken und verschlossen in eine Kiste werfen konnten.

Die Jugendlichen der heilpädagogischen Mädchengruppe verfügen über ein sehr unterschiedliches geistiges Leistungspotential. Dementsprechend mussten die Fragen dem Bildungsniveau aller Jugendlichen angepasst werden, damit keines der Mädchen mit Fragen belastet wurde, auf die es mit hoher Wahrscheinlichkeit keine Antwort wissen würde. Daher war es grundlegend, dass alle Fragen klar verständlich formuliert und möglichst kurze Sätze verwendet wurden. Da das Sprachgefühl von Erwachsenen und Jugendlichen oft sehr variiert, wurde der eigentlichen Fragesituation eine Testbefragung voran gestellt (sog. Pretest). Hierzu wurde der Fragebogen zwei Jugendlichen vorgelegt, welche im letzten Jahr von der Mädchengruppe in das Jugendwohnen umgezogen sind. Aufgabe der beiden Jugendlichen war es, nicht verständliche Fragen bzw. nicht verstehbare Wörter zu suchen. Auftauchende Unverständlichkeiten im Fragebogen wurden vor der Gruppenbefragung geändert. Für die Beantwortung der Fragen wurde ein einfaches, benutzerfreundliches Ankreuzverfahren gewählt (Ordinalskala). Offene Antwortmöglichkeiten wurden in Ergänzungsformat vorgesehen.

Michael Häder empfiehlt in seinem Buch: „Die Länge des Fragebogens ist so zu gestalten, dass sie das Vertrauen der Befragten in die Untersuchung unterstützt" (Häder 2006, S. 241). Um die Motivation und Konzentration der Jugendlichen nicht zu überfordern, wurden lediglich 18 Fragen gestellt. Bei einem Fragebogen von mehreren Seiten wäre die Wahrscheinlichkeit sehr hoch, dass die Jugendlichen schnell die Lust am Beantworten der Fragen verlieren würden. Diesem Risiko wurde durch die Länge des Bogens vorgebeugt. Die Fragen im Bogen der Erzieherinnen wurden an die Fragen der Jugendlichen angeglichen. Es galten die gleichen Standards, wie bei der Befragung der Jugendlichen.

6.4. Auswertung der Erhebung

Im Folgenden werden aus den Ergebnissen der Beobachtung und der Befragung Rückschlüsse aus der bisherigen Arbeit mit dem Verstärkersystem und Verbesserungsmöglichkeiten für die Zukunft vorgestellt. Die Ergebnisse wurden vom Team der Mädchengruppe interpretiert und kommunikativ validiert. Nach Hiltrud von Spiegel ist dies ein wichtiger Prozess, denn „Daten sind nicht per se gültig [...]; ihre Gültigkeit erlangen sie erst dadurch, dass sie im Zusammenhang ihres Entstehungs- und Verwendungskontextes interpretiert und im Diskurs der Beteiligten bestätigt werden" (von Spiegel 2008, S. 145).

Im Folgenden werden zum besseren Verständnis noch einmal die Handlungsziele und die Untersuchungsfragestellungen genannt. Die detaillierten Ergebnisse und Interpretationen der einzelnen Untersuchungsfragestellungen sind im Anhang nachzulesen. Ausschlaggebend für die praktische Arbeit mit dem Verstärkersystem sind die Rückschlüsse und Faziten, die im Folgenden vorgestellt werden.

Handlungsziel 1: Die Jugendlichen der Mädchengruppe lassen sich auf den Einzug eines Verstärkersystems ein und arbeiten aktiv an der Zielerreichung

Die Untersuchungsfragestellung 1a, 1b und 1c wurde mit Hilfe einer strukturierten Beobachtung evaluiert. Untersuchungsfragestellung 1d wurde mit Hilfe eines Fragebogens erhoben. Die Evaluation der Untersuchungsfragestellung 1d erfolgt mit Hilfe von Indikatoren.

Untersuchungsfragestellung 1a: Wie viele Token sammeln die Mädchen innerhalb eines Monats, wenn eine kontingente Verstärkung erfolgt?

Rückschlüsse:
Der Gesamtdurchschnitt der gesammelten Token innerhalb von drei Monaten liegt mit 79% auf einem hohen Niveau. Diese Werte zeigen, dass die Jugendlichen bereit waren, sich auf den Einzug eines Verstärkersystems einzulassen. Sie haben sich aktiv am Sammeln von Token beteiligt und somit ihre Ziele verfolgt. Anfängliche Bedenken, dass die Jugendlichen kein Interesse (im Sinne von: das ist doch Kinderkram) bzw. zu viele Bedenken (zusätzliche Ar-

beit, noch mehr Regeln) am Verstärkersystem haben und somit eine nur geringe Mitarbeit zeigen würden, haben sich nicht bestätigt. Das Verstärkersystem wurde von allen Mädchen der Gruppe angenommen und akzeptiert.

Untersuchungsfragestellung 1b: Konnten im Verlaufe des Praxisprojektes Veränderungen bei den Jugendlichen in der Motivation Token zu sammeln festgestellt werden?
Rückschlüsse:
Die Untersuchungsfragestellung 1b kann mit einem klaren Ja beantwortet werden. Schwankungen in der Motivation Token zu sammeln, sind erkennbar. Signifikant ist dabei, dass in der neunten Woche die Motivation Token zu sammeln, wieder stark anstieg. Dies lässt sich u.a. auf das Zwischengespräch zurückführen, welches im Rahmen des Stufenplans stattfand. Um die Motivationsabnahme während des ersten und des zweiten Monats geringer ausfallen zu lassen, wäre es evtl. sinnvoll, dass Zwischengespräch vorzuverlegen (evtl. bereits schon nach der 6. Woche). Auch wäre zu überlegen, ob mehrere Zwischengespräche (z.B. das erste nach 4 Wochen, das zweite nach 8 Wochen) die Arbeit mit dem Verstärkersystem noch effektiver gestalten würden.

Untersuchungsfragestellung 1c: Hängt der Erfolg in der Arbeit mit einem Verstärkersystem vom Alter der Jugendlichen ab?
Rückschlüsse:
Obwohl die jüngeren Mädchen der Gruppe mehr Token gesammelt haben, wurde auch von der Gruppe der älteren Jugendlichen ein gutes Ergebnis erzielt. Die Ziele der Jugendlichen wurden nicht aufgrund ihres Alters festgelegt. Das heißt, dass die Jugendlichen nicht mit steigendem Alter schwierigere Ziele bekommen haben. Aufgrund der unterschiedlichen geistigen Leistungspotentiale der Jugendlichen, die nicht am Alter festzumachen sind, wäre dies auch nur schwer möglich gewesen. Die Ziele der Jugendlichen waren in ihren Anforderungen gut vergleichbar. Das Ergebnis der Untersuchungsfragestellung 1c lässt den Schluss zu, dass das Verstärkersystem für alle Altersgruppen der Mädchengruppe geeignet ist und auch die älteren Jugendlichen von dem Einzug des Verstärkersystems profitieren konnten.

Untersuchungsfragestellung 1d: Welche Faktoren motivieren die Jugendlichen, Token zu sammeln?
Rückschlüsse:
Die Auswertung der Ergebnisse zeigt, dass die Jugendlichen untereinander nur wenig Anerkennung für das Sammeln der Token erfahren haben. Dieses Ergebnis wirft die Überlegung auf, ob die Token- und Prämienvergabe noch mehr Bedeutung im Gruppenleben einnehmen

sollte. Evtl. müssen am Gruppenabend die Leistungen einzelner Mädchen noch mehr gewürdigt werden, um die Motivation der gesamten Gruppe anzuspornen. Allerdings könnte den Mädchen auch die „öffentliche" Zurschaustellung ihrer Leistungen unangenehm sein. Dieser Punkt, inwieweit sich die Mädchen gegenseitig zum Sammeln von Token motivieren können ohne sich vor der Gruppe bloß gestellt zu fühlen, könnte in Zukunft noch einmal genauer betrachtet werden.

Interessant ist auch, dass die Jugendlichen vor allem ihre Familie als Motivationsfaktor nennen. Hier könnte überlegt werden, inwieweit die Familien der Jugendlichen in das Verstärkersystem involviert werden können. Denkbar wäre z.B. ein Elternabend, bei dem die wichtigsten Bezugspersonen der Jugendlichen über den Sinn und Zweck des Verstärkersystems informiert werden. Auf lange Sicht wäre es dann möglich, den Eltern das Verstärkersystem als ein Instrument an die Hand zu geben, welches sie nach einer Rückführung ihrer Kinder selbst einsetzen können.

Abschließendes Fazit zum Handlungsziel 1:
Dem Handlungsziel 1 ist das Praxisprojekt sehr nahe gekommen. Die Anzahl der Token, welche die Mädchen in den drei Monaten gesammelt haben zeigt, dass sie sich auf den Einzug des Verstärkersystems sehr gut einlassen konnten. Trotz anfänglicher Bedenken von Seiten der Pädagoginnen haben alle Jugendlichen der Gruppe das System angenommen und aktiv mitgearbeitet. Die Konsequenz hieraus ist, dass das Team der Mädchengruppe sich entschlossen hat, weiterhin mit dem Verstärkersystem – auch nach Ablauf des Praxisprojektes – zu arbeiten. Durch die positive Akzeptanz von Pädagoginnen und Jugendlichen soll das Prämiensystem zum festen Bestandteil der pädagogischen Arbeit mit den Mädchen werden. Die durchwegs positiven Erfahrungen sollen im Rahmen einer pädagogischen Konferenz an die anderen Gruppen des Heimes weitergegeben werden. Sollten in diesen Gruppen das Verstärkersystem ebenfalls auf gute Resonanz stoßen, könnte das Verstärkersystem im gesamten Kinderheim Einzug halten und somit die pädagogische Arbeit mitdefinieren.

Handlungsziel 2: Die Beziehung zwischen Bezugserzieherin und Jugendlicher wird gestärkt

Die Untersuchungsfragestellung 2 a und 2b wurden mit Hilfe eines Fragebogens evaluiert. Um eine vielschichtigere Sichtweise erlangen zu können, wurden die Jugendlichen **und** die Erzieherinnen der Gruppe getrennt voneinander befragt. Sowohl die Jugendlichen als auch die Erzieherinnen füllten hierfür einen Fragebogen aus. Der Fragebögen und detaillierte Auswertung sind im Anhang unter den Punkten 8.4 und 8.5 zu finden.

Rückschlüsse zum Vergleich:

Den ersten drei Behauptungen zum Thema „Verstandenwerden und Einfühlungsvermögen" stimmten sowohl die Erzieherinnen als auch die Jugendlichen überwiegend zu. Es hat den Anschein, dass die Gespräche zur Zielfindung von den Erzieherinnen sehr wertschätzend und einfühlsam geführt wurden. Sowohl die Erzieherinnen, als auch die Jugendlichen haben sich ernst genommen und wohl gefühlt. Eventuell ein Indiz dafür, warum der Einzug des Verstärkersystems von den Jugendlichen so positiv angenommen wurde.

Alle Erzieherinnen und alle Jugendlichen haben angegeben, dass die Jugendlichen ihre Ziele selbst gewählt haben. Für die Arbeit mit dem Verstärkersystem hat dies eine immense Bedeutung, da vorgegebene Ziele von Seiten der Erzieherinnen zu Zielkonflikten hätten führen können. In diesem Falle wäre die Motivation der Jugendlichen, ihr Ziel zu erreichen, sehr wahrscheinlich auch eher niedrig ausgefallen. Die Tatsache, dass die Jugendlichen ihr Ziel eigenständig gewählt haben, stimmt auch mit den Ergebnissen der ersten drei Behauptungen (I bis III) zum Thema „Verstandenwerden und Einfühlungsvermögen" überein. Die Jugendlichen erlebten ihre Bezugserzieherinnen nicht nur in den Gesprächen überwiegend als wertschätzend, sondern auch bei der Zielerarbeitung.

Die Frage VII lässt den Schluss zu, dass die Jugendlichen nicht beabsichtigen häufiger den Kontakt zu ihren Erzieherinnen aufzunehmen, um mit ihr Dinge aus dem Alltag zu besprechen. Allerdings besteht auf beiden Seiten der Wunsch, dass häufiger Gespräche zu festgelegten Zeiten stattfinden.

Abschließendes Fazit zum Handlungsziel 2:
Die Auswertung zeigt, dass sowohl die Jugendlichen als auch die Erzieherinnen die Gespräche positiv erlebt haben. Die Jugendlichen haben sich ernst genommen und wohl gefühlt. Es lassen sich hieraus nur wenige Rückschlüsse ziehen, inwieweit diese Erfahrungen sich auch auf die Alltagsbeziehung zwischen Erzieherinnen und Jugendlicher auswirken. Aber für die Situation während und nach den Gesprächen lässt sich festhalten, dass sich die Zielerarbeitung positiv auf die Beziehung ausgewirkt hat. Die Jugendlichen haben ihre Bezugserzieherinnen empathisch und wertschätzend erlebt. Die Erzieherinnen haben sich extra Zeit für ihre Jugendlichen genommen, um über deren Belange zu sprechen. Erzieherinnen und Jugendliche erfahren mehr voneinander, wodurch zumindest in den Gesprächssituationen ein aufeinander Zugehen erleichtert wird. Die ausführlichen Gespräche im Rahmen des Stufenplans sind folglich als sinnvoll zu werten und tragen dazu bei, die Beziehung zwischen Jugendlicher und Bezugserzieherin zu intensivieren.

Interessant ist auch, dass die Pädagoginnen und die Jugendlichen übereinstimmend beantworteten, dass die Mädchen ihre Ziele selbst gewählt haben. Dies lässt den Schluss zu, dass die

Erzieherinnen in der Vorbereitungsphase verstanden haben, wie wichtig es ist, dass Ziele sorgfältig mit den Jugendlichen zusammen erarbeitet werden. Sowohl die Erwachsenen als auch die Jugendlichen wünschen sich für die Zukunft häufigere Gespräche zu festgelegten Zeiten. Bisher gibt es im Kinderheim keine festen Gesprächstermine. Zwar können die Jugendlichen um ein Gespräch bitten, müssen aber akzeptieren, dass das Gespräch aus Zeitgründen nicht sofort statt finden kann. Die festgelegten Gesprächszeiten, wie sie im Rahmen des Stufenplans stattfanden, wurden sowohl von den Jugendlichen, als auch von den Erzieherinnen positiv bewertet. Dies lässt Überlegungen zu, feste Gesprächszeiten zwischen Bezugserzieherin und Jugendlicher, unabhängig von dem Verstärkersystem, im Alltag einzurichten.

Handlungsziel 3: Von den Jugendlichen erlerntes Verhalten wird stabilisiert, so dass auf Dauer keine kontingente Verstärkung mehr nötig ist

Die Untersuchungsfragestellung 3 wurde wieder mit Hilfe einer strukturierten Beobachtung, in Form eines Beobachtungskalenders evaluiert. Die Untersuchungsfragestellung 3 konnte erst mit der Beendigung des eigentlichen Praxisprojektes durchgeführt werden, als die kontingente durch die intermittierende Verstärkung abgelöst wurde (12.–16. Woche). Die Erreichung der Ziele der Jugendlichen wurde über die Dauer von einem Monat nicht mehr jeden Tag verstärkt, sondern nur noch in regelmäßigen Abständen. In den ersten zwei Wochen wurde das Ziel nur noch jeden zweiten Tag verstärkt, d. h. wenn die Jugendlichen zweimal hinter einander ihr Ziel erreicht hatten, bekamen sie hierfür einen Token. In der dritten und vierten Woche wurde ein Token verteilt, wenn die Jugendlichen dreimal hintereinander ihr Ziel verfolgt hatten.

Untersuchungsfragestellung 3: Konnte innerhalb der 3 Monate Laufzeit des Projektes eine Verhaltensstabilisation erreicht werden, so dass die Jugendlichen auch ohne kontingente Verstärkung an ihrem Ziele arbeiten?

Rückschlüsse:
Die Ergebnisse zeigen, dass die Mädchen keine kontingente Verstärkung brauchen, um ihre Ziele weiter im Blick zu behalten und an diesen zu arbeiten. Im zweiten Monat der kontingenten Verstärkung lag der Durchschnitt der gesammelten Token bei 68% (siehe Untersuchungsfragestellung 1a). Im vierten Monat, als nur noch eine intermittierende Verstärkung stattfand, sammelten die Jugendlichen 67% der möglichen Token. Es zeigt sich, dass die Motivation der Mädchen Token zu sammeln nur geringfügig nachgelassen hat, auch wenn ihr Verhalten in immer größeren zeitlichen Abständen belohnt wurde.

Abschließendes Fazit zum Handlungsziel 3:
Für den folgenden Monat nach Beendigung der eigentlichen Projektlaufzeit kann man festhalten, dass die Jugendlichen auch ohne kontingente Verstärkung ihre Ziele nicht aus den Augen verloren. Daraus lässt sich schließen, dass eine Verhaltensstabilisation eingetreten war und mit dem Verstärkersystem nicht nur kurzfristig Ziele erreicht werden können, sondern Verhalten langfristig aufgebaut werden kann. Das Praxisprojekt erzielte somit nicht nur während seiner aktiven Laufzeit Erfolge, sondern bewirkte darüber hinaus positive Veränderungen und Entwicklungen für das weitere Leben der Jugendlichen.

Leider können diese Aussagen nur für den vierten Monat, also den Monat direkt nach dem Praxisprojekt, getroffen werden. Sinnvoll wäre an dieser Stelle die Überprüfung der Verhaltensstabilisation im Rahmen einer Längsschnittuntersuchung. Aussagen, ob die Mädchen auch gänzlich ohne Verstärkung an ihren Zielen arbeiten würden, wären an dieser Stelle spekulativ. Aus diesem Grund wäre eine Längsschnittstudie bzw. eine weitere Studie zu einem späteren Zeitpunkt zweckmäßig, da die Nachhaltigkeit der Zielfestigung erst Monate später überprüft werden können.

7. Fazit

Das Fazit des Praxisprojektes lässt sich kurz und prägnant festhalten: Der Einzug des Verstärkersystems in die heilpädagogische Mädchengruppe des Kinderheimes war ein Erfolg. Gegen die erwarteten Widerstände und Problematiken zu Beginn des Projektes, die solche Erneuerungen oft mit sich bringen, verliefen der Einzug und die Durchführung des Verstärkersystems reibungslos. Die Tatsache, dass mit dem Verstärkersystem Erfolge für jedes einzelne Mädchen und für die Gruppen im Gesamten erreicht werden konnten, macht das Praxisprojekt zu einer sinnvollen und stimmigen Arbeit. Bereits in der Praxis zeigte sich, dass die anfänglich aufgestellte Hypothese, dass der Einsatz eines Verstärkersystems in einer heilpädagogischen Mädchengruppe Jugendliche bei der Erreichung eigener Ziele motiviert und unterstützt, zutrifft. Die Evaluation zum Ende des Projektes belegte diese Vermutung noch einmal detailliert. Obwohl die Evaluation nur Teilbereiche des Projektes beleuchten konnte, zeigten sich deutlich die Erfolge, die mit dem Projekt erzielt wurden. Weiterhin leistete die Evaluation einen großen Beitrag, um Möglichkeiten der Veränderung ausfindig zu machen, durch welche die Arbeit mit dem Verstärkersystem in Zukunft noch effektiver gestaltet werden kann.

Rückblickend hat sich gezeigt, dass nicht die Zielerreichung das ausschlaggebende Kriterium für den Erfolg des Projektes darstellte. Egal ob die Mädchen ihr eigenes Ziel erreicht haben oder nicht, alleine die Erfahrungen, welche sie in der Zusammenarbeit mit den Erzieherinnen erleben konnten, sind Kostbarkeiten. Erzieherinnen und Jugendliche erlebten die Situation aufeinander eingehen zu können und sich Zeit für einander zu nehmen als äußerst gewinnbringend. In diesem Zusammenhang spielt das gegenseitige „Verstehen", wie es in der Hermeneutik zum Ausdruck kommt, eine bedeutende Rolle. Dabei wird unter Verstehen „das Erkennen eines Menschen in seiner Individualität, Persönlichkeit und Menschlichkeit" begriffen (Bundschuh 2008, S. 72). Die Erzieherinnen nahmen im Rahmen des Praxisprojektes empathisch und wertschätzend am Leben „ihrer" Jugendlichen teil. Wenn sich die Erzieherinnen im Rahmen des Praxisprojektes die Welt der Jugendlichen ein Stück näher erschlossen haben, ist ein grundlegender Erfahrungsgewinn auf beiden Seiten eingetreten, der mindestens genauso hoch zu bewerten ist, wie die eigentliche Zielerreichung der Jugendlichen. Das Projekt hat gezeigt, dass der Weg das Ziel ist.

Weiterhin ist in den letzten Wochen deutlich geworden, dass das Projekt nicht mit Abschluss dieser Arbeit ausläuft. Die positiven Erfahrungen haben zu dem Entschluss geführt, dass die Arbeit mit dem Verstärkersystem zum festen Bestandteil der pädagogischen Arbeit in der Mädchengruppe werden soll. Es gibt bereits Überlegungen, die Ziele der Jugendlichen zu erweitern. Vielleicht wird es in Zukunft neben den Individualzielen auch Gruppenziele geben. Alle Jugendlichen der Gruppe arbeiten an einem gemeinsamen Ziel und werden hierfür verstärkt. Auch die Erarbeitung von komplexeren Zielen (wie z.B. Ziele aus dem Bereich der sozialen Anerkennung) sind für die Zukunft vorgesehen. Ebenfalls sollen die Mädchen die Möglichkeit bekommen, mehr als ein Token pro Tag zu sammeln. Wurde am Tag z.B. statt 20 Minuten die doppelte Zeit Gitarre geübt, soll dies auch doppelt verstärkt werden. Diese Visionen bleiben aber nicht der Mädchengruppe vorbehalten. Im Rahmen einer pädagogischen Konferenz, an der alle Pädagogen des Kinderheimes teilnehmen, soll das Projekt in den nächsten Monaten vorgestellt werden. Eventuell könnte die Arbeit mit einem Verstärkersystem Einzug in alle Gruppen des Heimes halten und somit fester Bestandteil der Konzeption des Kinderheims werden.

Abschließend lässt sich festhalten, dass der Erfolg des Praxisprojektes von vielfältigen Faktoren abhing. Einerseits unterstütze mit großer Wahrscheinlichkeit die sorgfältige Vorbereitung den reibungslosen Einzug des Verstärkersystems. Auf der anderen Seite wäre das Projekt in dieser Form ohne die Unterstützung des Pädagogenteams der Mädchengruppe nicht möglich gewesen. Mein Dank gilt daher dem Team der Mädchengruppe, die sich mit viel Begeisterung und Engagement auf das Projekt einlassen konnten und an dessen Verwirklichung mitarbeiteten. Es hat sich gezeigt, dass sowohl die Gruppe der Jugendlichen als auch das Team der Pädagoginnen in den letzten Jahren gewachsen ist und Erneuerungen im pädagogischen Alltag möglich sind, angenommen und wertgeschätzt werden. Eine hervorragende Vorraussetzung für zukünftige Projekte.

8. Anhang

8.1. Gegenüberstellung der erwarteten Vor- und Nachteile zum Verstärkersystem aus der 1. Teamsitzung

Vorteile eines Verstärkersystems	Gefahren/Ängste bei der Einführung eines Verstärkersystems
- Mädchen erreichen leichter ihre Ziele	- einzelne Mädchen sind nicht zu motivieren (Boykott)
- Mädchen erleben Erfolge	- Ziele der Jugendlichen sind zu komplex
- Stärkung des Selbstbewusstseins der Jugendlichen	- Ziele der Mädchen sind unrealistisch
- Jugendliche fühlen sich ernst genommen	- Mädchen haben keine Ziele für sich, sondern nur für andere
- Jugendliche lernen Verantwortung für ihr Leben durch Mitbestimmung	- Ziele der Mädchen können nicht überprüft werden
- engere Zusammenarbeit zwischen Jugendlicher und Pädagogin (Aufbauen von Nähe und Vertrauen)	- schwierig, geeignete Verstärker zu finden
- mehr Ordnung und Sauberkeit in der Gruppe	- mehr Arbeit für die Erzieherinnen
- wenigere Ermahnungen von Seiten der Erzieherinnen nötig	
- Entlastung der Erzieherinnen	
- Jugendliche spornen sich gegenseitig an, Ziele zu erreichen	
- mehr Zeit für die Jugendliche durch gemeinsame Erarbeitung von Zielen	
- die Erzieherinnen lernen die Jugendlichen, durch das gemeinsame Erarbeiten von Zielen, besser kennen	

8.2. Ziele der Jugendlichen

Im Folgenden werden die einzelnen Jugendlichen der Mädchengruppe kurz vorgestellt. Diese Vorstellungsrunde soll einen kleinen Einblick in die momentane Lebenssituation der Mädchen geben, um die von den Mädchen angestrebten und entwickelten Ziele besser nachvollziehen zu können.

A.: lebt seit 4 Jahren in der heilpädagogischen Mädchengruppe. Nach der Beendigung der Förderschule besucht sie seit 2008 eine Fördermaßnahme vom Arbeitsamt. A. fällt es sehr schwer Ordnung zu halten. Sie erarbeitete deshalb folgendes Ziel:

„Ich schaffe es, dass auf dem Boden in meinem Zimmer keine Gegenstände, wie z.B. Kleidungsstücke, mehr liegen."

War der Boden in A. Zimmer am Abend (20.00 Uhr) frei von Müll und Gegenständen, bekam sie hierfür einen Token.

A.K.: ist mit 12 Jahren das jüngste Mädchen in der Gruppe. Sie lebt nach einer gescheiterten Rückführung zur Herkunftsfamilie seit 2 Jahren in der Gruppe. A.K. geht auf die Realschule und schreibt hier auch sehr gute Noten. Das Mädchen kann als sehr leistungsorientiert und zielstrebig beschrieben werden. Bei einem Zahnarztbesuch im Mai dieses Jahres kritisierte der Zahnarzt A.K. Mundhygiene. A.K. formulierte ihr Ziel mit ihrer Bezugserzieherin dementsprechend:

„Ich schaffe es, dreimal am Tag meine Zähne für jeweils 3 Minuten zu putzen."

Im Büro der Erzieher hing eine Liste, welche A.K. nach jedem Putzen abhacken durfte. Wurde diese Liste dreimal am Tag abgehackt, bekam A.K. dafür am Abend (20.00 Uhr) einen Token.

S.: lebt seit einem Jahr in der Mädchengruppe und leidet sehr an ihrem Übergewicht, was sich auch negativ auf ihr Selbstbewusstsein auswirkt. S. weigert sich z.B. im Sommer mit der Gruppe ins Schwimmbad zu gehen. S. Ziel war daher abzunehmen. In einem ersten Schritt sollte S. ein Bewusstsein für die „guten" und „schlechten" Lebensmittel erlangen. Ihr Ziel lautete:

„Ich schaffe es, täglich ein Ernährungstagebuch zu führen. Hierin vermerke ich genau, was ich im Laufe des Tages gegessen habe."

Kurz vor dem zu Bett gehen, zeigte S. der Erzieherin ihr Ernährungstagebuch, welche mit ihr die verzehrten Nahrungsmittel bewertete. Wurde das Tagebuch geführt, bekam S. hierfür einen Token.

F.: lebt seit 3 Jahren in der Mädchengruppe. F. geht die 8. Klasse einer Hauptschule. Dem Mädchen fällt das Lernen sehr schwer, was sich in ihren Noten niederschlägt. F. Wunsch war, den Qualifizierenden Hauptschulabschluss zu schaffen. Dieses Ziel musste in viele Teilziele gegliedert werden. Besonders schlechte Noten schrieb F. in Mathematik. Ihr Ziel war daher, in der nächsten Matheschulaufgabe eine vier zu schreiben. Ihr Ziel innerhalb des Verstärkersystems lautete deshalb konkret:

„Ich schaffe es, jeden Tag 20 Minuten zusätzlich Mathematik zu üben. Ich versuche die Aufgaben alleine zu lösen, wenn ich nicht mehr weiter weiß, darf ich eine Erzieherin um Hilfe bitten".

Für 20 Minuten Matheüben außerhalb der Lernzeit bekam F. einen Token.

K.: lebt seit 2 Jahren in der heilpädagogischen Mädchengruppe. K. hat eine lose Zahnspange, die sie über Nacht tragen muss. Oft vergisst sie dies, was zu Ärger mit den Erzieherinnen und dem Zahnarzt führt. K. Ziel lautete deshalb:

„Ich denke am Abend daran, meine Zahnspange anzuziehen. Über Nacht bleibt die Spange dann in meinem Mund".

Hatte K. am nächsten Morgen ihr Ziel erreicht, wurde sie mit einem Token belohnt.

J.: lebt seit 3 Jahren in der Mädchengruppe und plant Ende des Jahres wieder zu ihrem Vater zurückzuziehen. J. fällt es eher schwer, Ordnung zu halten. Aus diesem Grund bekam sie schon des Öfteren Mitteilung von ihrem Lehrer, weil sie Unterrichtsmaterial vergessen hatte. J. entwickelte folgendes Ziel:

„Nach der Hausaufgabenzeit räume ich meine Schultasche auf. Ich entferne jeglichen Müll und bereite meine Schultasche für den nächsten Tag vor."

Die diensthabende Erzieherin kontrollierte nach der Hausaufgabenzeit J. Tasche und vergab für eine aufgeräumte Schultasche einen Token.

D.: lebt seit 4 Monaten im Kinderheim. Das Mädchen zeigte bisher sehr große Schwierigkeiten, sich in der Gruppe einzuleben. Um ihr die Eingewöhnungsphase nicht zu erschweren, wurde mit D. ein einfaches und klar verständliches Ziel formuliert. D. nimmt mit viel Freude seit einem halben Jahr Gitarrenunterricht, allerdings ermahnt ihr Lehrer sie immer wieder, mehr zu üben. D. entwickelte folgendes Ziel:

„Ich übe täglich 20 Minuten Gitarre."

Nach 20 Minuten Üben bekam D. einen Token.

A.: lebt seit 1,5 Jahren in der Gruppe. Das Mädchen ist eher als unsportlich zu beschreiben. A. klagte in den letzten Wochen häufig über Rückenschmerzen, woraufhin sie von der Kinderärztin Physiotherapie verschrieben bekam. Die Physiotherapeuten zeigte A. Übungen zur Rückenstärkung, die auch zu Hause von ihr durchgeführt werden sollten, um eine langfristige

Verbesserung anzustreben. A. machte diese Übungen nur sehr ungern und erhoffte sich durch die Belohnung in Form von Token eine Motivationssteigerung. A. Ziel lautete deshalb:
„Ich mache jeden Tag 20 Minuten Rückengymnastik."
Für 20 Minuten Training bekam A. einen Token.

8.3. Auswertung des Beobachtungskalenders und Ergebnisse der Untersuchungsfragestellung 1a, 1b und 1c

Im Folgenden sind die detaillierten Ergebnisse und Interpretationen des ersten Handlungsziels und der Untersuchungsfragestellungen 1a, 1b und 1c nachzulesen. Die Erhebung erfolgte in Form einer strukturierten Beobachtung über die Dauer von drei Monaten.

Handlungsziel 1: Die Jugendlichen der Mädchengruppe lassen sich auf den Einzug eines Verstärkersystems ein und arbeiten aktiv an der Zielerreichung

Untersuchungsfragestellung 1a: Wie viele Token sammeln die Mädchen innerhalb eines Monats, wenn eine kontingente Verstärkung erfolgt?

Ziel der ersten Fragestellung war herauszufinden, an wie vielen Tagen in der Woche / während eines Monats / während des gesamten Praxisprojektes die Jugendlichen an der Erreichung ihrer eigenen Ziele arbeiteten. Anhand der wöchentlich vergebenen Token konnte gemessen werden, wie oft das Ziel erreicht wurde. Durch eine Hochrechnung konnte ermittelt werden, wie viele Token jedes einzelne Mädchen pro Monat erreicht hatte. Das Ergebnis wird im Folgenden dargestellt. Die jeweiligen Zahlen in der Tabelle geben die Anzahl der Token an, die in der jeweiligen Woche erreicht wurden.

Zusammenfassung der Ergebnisse:
Die von der Gesamtgruppe gesammelten Token während der ersten drei Monate des Praxisprojektes:

	Mögliche Token	Gesammelte Token	Durchschnitt
1. Monat	224	183	82%
2. Monat	224	152	68%
3. Monat	224	192	86%
gesamt:	672	527	79%

Interpretation der Ergebnisse:

Die Mädchen sammelten während des 1. Monats 183, im 2. Monat 152 und im 3. Monat 192 von jeweils 224 möglichen Token. Die detaillierte Auswertung zeigt, dass das niedrigste Ergebnis bei einem Mädchen (F.) im 2. Monat lag, indem sie 16 von 28 möglichen Token sammelte. Dies bedeutet, dass der schlechteste Monatsdurchschnitt einer Jugendlichen bei 57 % lag. Insgesamt sammelten die Jugendlichen innerhalb der drei Monate 527 von 672 möglichen Token. Dies ergibt einen Durchschnitt von 79%.

Untersuchungsfragestellung 1b: Konnten im Verlaufe des Praxisprojektes Veränderungen bei den Jugendlichen in der Motivation Token zu sammeln festgestellt werden?

Ergebnis:

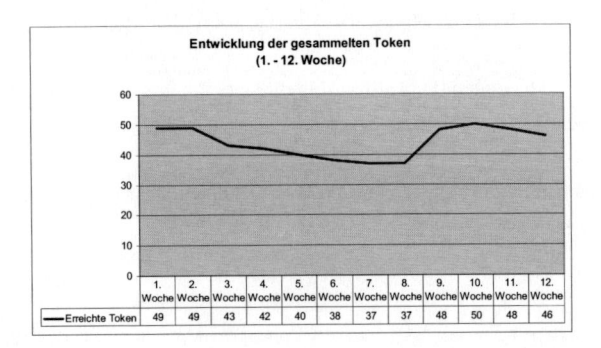

Entwicklung der gesammelten Token (1. - 12. Woche)

	1. Woche	2. Woche	3. Woche	4. Woche	5. Woche	6. Woche	7. Woche	8. Woche	9. Woche	10. Woche	11. Woche	12. Woche
Erreichte Token	49	49	43	42	40	38	37	37	48	50	48	46

Interpretation:
Die Auswertung zeigt, dass die Mädchen zu Beginn des Praxisprojektes sehr motiviert bei der Sache waren und großes Interesse zeigten, möglichst viele Token zu sammeln. Im Laufe der ersten zwei Monate sank diese Motivation von 49 Token in der 1. Woche, auf deutlich geringere 37 Token in der 7. und 8. Woche. Dies kann damit erklärt werden, dass die anfängliche Begeisterung für die Erneuerung nachließ, sich mit der Zeit Alltagsroutine einstellte, was zur Konsequenz führte, dass die Jugendlichen ihre Ziele aus den Augen verloren.

Zu Beginn des dritten Monats lässt sich wiederum ein deutlicher Anstieg der gesammelten Token feststellen. Auffallend ist, dass zu diesem Zeitpunkt das Zwischengespräch zwischen Bezugserzieherin und Jugendlicher stattfand, welches am Ende des zweiten Monats im Rahmen des Stufenplans mit den Mädchen geführt wurde. Im Rahmen des Gespräches wurden die einzelnen Ziele noch einmal besprochen und bei Bedarf modifiziert. Ziel des Gespräches war es auch, die Prämien, auf welche die Mädchen hinarbeiteten, noch einmal zu überprüfen und gegebenenfalls zu ändern. Dieses Gespräch kann daher als ein wichtiger Grund angenommen werden, warum im dritten Monat das Interesse am Sammeln von Token wieder immens anstieg und mit 50 Token in der 10. Woche sogar den im ersten Monat erreichten Maximalwert von 49 Token übertraf.

Untersuchungsfragestellung 1c: Hängt der Erfolg in der Arbeit mit einem Verstärkersystem vom Alter der Jugendlichen ab?

Ergebnis:
Für die Beantwortung dieser Frage wurden die Jugendlichen in zwei Gruppen eingeteilt und miteinander verglichen.

Interpretation:
Das Ergebnis zeigt, dass in der Gruppe der jüngeren Mädchen (82 %) mehr Token gesammelt wurden, als in der Gruppe der 15-17jährigen (75 %). Dieses Ergebnis bestätigt die Aussagen der Literatur, dass bei jüngeren Kindern und Jugendlichen große Erfolge durch den Einsatz eines Verstärkersystems erzielt werden können. Allerdings zeigen die prozentualen Werte, dass auch die älteren Jugendlichen der Gruppe aktiv am Verstärkersystem mitgearbeitet haben.

8.4. Fragebogen der Jugendlichen zum Verstärkersystem und Auswertung

8.4.1. Fragebogen

Liebe Jugendliche,

vor ca. drei Monaten ist das Prämiensystem in unsere Gruppe eingezogen. Seitdem ist viel passiert. Du hast mit deiner Bezugserzieherin ein Ziel erarbeitet, du hast Token gesammelt und diese bestimmt auch schon in die eine oder andere Prämie umtauschen können. Vielleicht sammelst du auch noch für einen Herzenswunsch.

Mit dem vorliegenden Fragebogen kannst du uns mitteilen, was dir das Prämiensystem persönlich „gebracht" hat, was dir daran gut und was dir weniger gefallen hat.

Wir würden uns sehr freuen, wenn du dir 10 Minuten Zeit nimmst, um den Fragebogen auszufüllen. Als kleines Dankeschön für deine Mitarbeit bekommst du bei der Abgabe des Fragebogens einen Internetgutschein.

Auf den nächsten Seiten wirst du einige Fragen finden, die Du bitte **vollständig** und so **ehrlich** wie möglich beantwortest. **Es gibt keine falschen Antworten**; alle deine Antworten sind erlaubt und richtig. Bitte kreuze jeweils die Antworten an, die dir passend erscheinen oder am ehesten in den Sinn kommen. Wenn es eine leere Linie gibt, kannst du darauf deine eigene Antwort schreiben
Deinen fertig ausgefüllten Fragebogen schiebst du ins Kuvert und legst ihn einfach in den Korb.

Mit dem Fragebogen wollen deine Erzieherinnen das Prämiensystem noch besser machen. Du kannst also dabei helfen, dass das Prämiensystem in der Zukunft noch vorteilhafter für dich wird.

Alle deine Daten werden dabei anonym behandelt; das heißt, dass du an keiner Stelle deinen Namen nennen musst und dass alles, was du ausfüllst, absolut vertraulich behandelt wird. Keiner wird wissen, wer welchen Fragebogen ausgefüllt hat. Damit soll jeder den größtmöglichen Freiraum haben, die Fragen ehrlich zu beantworten. Solltest du noch Fragen haben, kannst du dich an die anwesende Erzieherin wenden.

Vielen Dank für deine Mitarbeit!

Deine Erzieherinnen

Praxisprojekt „Erfolgreich ans Ziel"

Los geht´s!
Im Folgenden findest Du jeweils Aussagen, denen Du in verschiedenen Graden zustimmen kannst oder auch nicht. Wenn Du denkst, dass eine Aussage **richtig** ist, kreuze bitte „**stimmt genau**" an; wenn Du denkst, dass sie **falsch** ist, dann kreuze bitte „**stimmt überhaupt nicht**" an. Wenn du dir **nicht sicher** bist, kreuze bitte „**weiß nicht**" an.
Bei manchen Fragen kannst du eine Auswahl treffen, kreuz einfach an, was für dich richtig ist. Wenn ein Strich vorhanden ist, kannst du deine eigene Antwort darauf schreiben.

		stimmt genau	weiß nicht	stimmt überhaupt nicht
1	Du bist von deiner **Bezugserzieherin** gelobt worden, wenn du dein Ziel erreicht hast.	☐	☐	☐
2	Du bist von den **Erzieherinnen** der Mädchengruppe für das Sammeln der Token gelobt worden.	☐	☐	☐
3	Die anderen **Mädchen der Gruppe** fanden dich gut, weil du so viele Token gesammelt hast.	☐	☐	☐
4	Du bist zufriedener mit dir selbst, seitdem du Token sammelst.	☐	☐	☐
5	Es ist dir wichtig, dass zu dein Ziel erreichst.	☐	☐	☐
6	Du würdest auch an deinem Ziel arbeiten, wenn es dafür keine Token geben würde.	☐	☐	☐
7	Kreuze die Personen an, von denen du denkst, sie haben gemerkt, dass du dein Ziel verfolgt hast.	☐ Papa ☐ Mama ☐ Oma ☐ Opa ☐ Geschwister ☐ Lehrer ☐ Mitschüler ☐ Ärzte ☐ Freunde außerhalb der Schule ☐ keiner ☐ sonstige Personen: _____		
8	Es hat sich gelohnt, Token zu sammeln, um sie für Prämien einzutauschen.	☐	☐	☐
9	Welche Prämien fandest du am Besten (du kannst bis zu vier ankreuzen)	☐ Internetgutschein ☐ kleine Geschenke ☐ Gutschein für Ausgang ☐ Gutscheine für Fernsehschauen ☐ Gutscheine für MC Donalds ☐ Gutscheine für´s Kaufland ☐ Kuscheltiere ☐ Bücher ☐ Scubidoo-Bänder		

		☐ Kinokarten ☐ Zeit mit der Bezugserzieherin verbringen ☐ selbst gewählte Prämien		
10	Wünscht du dir für die Zukunft noch eine Prämie, die es bisher noch nicht gibt?			
I	Deine Bezugserzieherin hat sich extra Zeit genommen, um mit dir über deine Ziele in der Zukunft zu sprechen.	☐	☐	☐
II	Du hast das Gefühl, dass deine Bezugserzieherin verstanden hat, was du ihr in den Gesprächen erzählt hast.	☐	☐	☐
III	Du hast dich bei den Gesprächen mit deiner Bezugserzieherin wohl gefühlt.	☐	☐	☐
IV	Du hattest das Gefühl, dass deine Bezugserzieherin versteht, warum du dir dein Ziel ausgesucht hast.	☐	☐	☐
V	Das Ziel, dass du in den letzten Monaten verfolgt hast, wurde von deiner Bezugserzieherin bestimmt.	☐	☐	☐
VI	Das Ziel, dass du in den letzten Monaten verfolgt hast, wurde von dir selbst gewählt.	☐	☐	☐
VII	In Zukunft kommst du häufiger zu deiner Bezugserzieherin, um mit ihr verschiedene Dinge zu besprechen.	☐	☐	☐
VIII	Du wünschst dir in Zukunft häufigere Gespräche zu festgelegten Zeiten mit deiner Bezugserzieherin.	☐	☐	☐

8.4.2. Auswertung des 1 Teil des Fragebogens (Fragen 1 – 10) und Ergebnisse der Untersuchungsfragestellung 1d

Untersuchungsfragestellung 1d: Welche Faktoren motivieren die Jugendlichen, Token zu sammeln?

Die Überprüfung der Untersuchungsfragestellung 1d erfolgte durch *die Indikatoren „Die Erzieherinnen motivieren die Jugendlichen" (Frage 1 und 2), „Die Jugendlichen motivieren sich gegenseitig" (Frage 3), „Die Jugendlichen empfinden ihre Ziel als attraktiv und erreichbar" (Frage 4, 5 und 6), „Externe Personen spornen die Jugendlichen zum Sammeln von Token an" (Frage 7), „Die Prämien spornen die Jugendlichen an, Token zu sammeln"(Frage 8 und 9)*

Mit Hilfe der offenen Frage Nummer 10 sollte herausgefunden werden, welche Prämien in der Zukunft für die Jugendlichen noch attraktiv wären.

	Jugendliche		
	stimmt genau	weiß nicht	stimmt überhaupt nicht
Frage 1	Du bist von deiner **Bezugserzieherin** gelobt worden, wenn du dein Ziel erreicht hast.		
Nennungen:	5	1	2
Frage 2	Du bist von den **Erzieherinnen** der Mädchengruppe für das Sammeln der Token gelobt worden.		
Nennungen:	2	--	6
Frage 3	Du hast von den anderen Mädchen der Gruppe Anerkennung bekommen, weil du so viele Token gesammelt hast.		
Nennungen:	1	3	4
Frage 4	Bist du zufriedener mit dir selbst, seitdem du Token sammelst.		
Nennungen:	3	2	3
Frage 5	Es ist dir wichtig, dass zu dein Ziel erreichst.		
Nennungen:	4	--	4
Frage 6	Du würdest auch an deinem Ziel arbeiten, wenn es dafür keine Token geben würde.		
Nennungen:	3	2	3
Frage 8	Es hat sich gelohnt, Token zu sammeln, um sie für Prämien einzutauschen.		
Nennungen:	7	--	1

Frage 7	Kreuze die Personen an, von denen du denkst, sie haben gemerkt, dass du dein Ziel verfolgt hast.		
Nennungen:		Nennungen:	
3	Papa	1	Mitschüler
6	Mama	1	Ärtze
1	Oma	4	Freunde außerhalb der Schule
--	Opa	--	keiner
4	Geschwister		Sonstige:
2	Lehrer	1	Tante

Frage 9	Welche Prämien fandest du am Besten? (du kannst bis zu vier ankreuzen)		
Nennungen:		Nennungen:	
8	Internetgutschein	0	Kuscheltiere
2	Kleine Geschenke	0	Bücher
8	Gutschein für Ausgang	0	Scubidoo-Bänder
1	Gutscheine für Fernsehschauen	2	Kinokarten
--	Gutscheine für MC Donalds	1	Zeit mit der Bezugserzieherin
2	Gutscheine für's Kaufland	6	Selbst gewählte Prämien

Frage 10	Wünscht du dir für die Zukunft noch eine Prämie, die es bisher noch nicht gibt?
Nennungen:	
2	Geld

Ergebnisse:
Fünf Jugendliche haben wahrgenommen, dass sie von ihrer Bezugserzieherin für das Erreichen ihrer Ziele gelobt worden sind. Dagegen haben nur zwei Jugendliche angegeben, dass sie von den Erzieherinnen im Allgemeinen gelobt worden sind, wenn sie ihr Ziel erreicht haben. Hieraus lässt sich folgern, dass die Jugendlichen Bestätigung und Lob von Seiten ihrer Bezugserzieherin wahrgenommen haben und dieses sie wiederum evtl. zum Sammeln von Token anspornte. Die Bestätigung von den Erzieherinnen im Allgemeinen wird als gering wahrgenommen, was den Schluss zulässt, dass hier evtl. wenig Anerkennung stattgefunden hat bzw. die Jugendlichen diese nicht als anspornend erlebten.

Die Anerkennung von Seiten der anderen Gruppenmitglieder stufen die Jugendlichen als eher gering ein. Lediglich eine Jugendliche nimmt die Ankerkennung der anderen Gruppenmitglieder wahr, 4 Jugendliche erlebten keine Ankerkennung.

4 Jugendliche geben an, dass sie zufriedener mit sich selbst sind, seitdem sie Token sammeln. Weiterhin stimmen 6 Mädchen zu, dass es ihnen wichtig ist, ihr Ziel zu erreichen. Und 4 Jugendliche geben an, dass sie auch ohne die Tokenvergabe an ihrem Ziel arbeiten würden. Es lässt sich folgern, dass die Ziele an sich für die Jugendlichen attraktiv und erstrebenswert sind und die Zielerreichung nicht nur mit der Tokenvergabe in Beziehung steht.

Auffallend ist, dass Personen außerhalb des Kinderheimes, vor allem der engere Familienkreis, wahrgenommen haben, dass die Jugendlichen an einem Ziel arbeiten. Mütter, Väter und Geschwister wurden am häufigsten bei der Frage genannt, welche Personen die Erarbeitung und Erreichung der Ziele miterlebt haben. Weiterhin wurden Freunde außerhalb der Schule häufig angeführt. Ärzte, Lehrer und Mitschüler spielten eine geringere Rolle, was den Schluss zulässt, dass eine externe Motivation in erster Linie durch die eigene Familie der Jugendlichen erfolgte.

7 Jugendliche gaben an, dass es sich gelohnt hat, Prämien zu sammeln. Daher lässt sich annehmen, dass die Prämien die Jugendlichen zu einem wesentlichen Teil angespornt haben, an ihrem Ziel zu arbeiten. Vor allem Internetgutscheine, Gutscheine für verlängerten Ausgang und die selbst gewählten Prämien haben die Jugendlichen motiviert. Für die Zukunft wünschten sich zwei Jugendliche, dass sie Token direkt in Geld umtauschen können.

8.5. Fragebogen der Erzieherinnen zum Verstärkersystem und Auswertung

Beim Fragebogen der Erzieherinnen wurde auf eine langwierige Instruktion verzichtet. Allen Erzieherinnen war klar, dass die Ergebnisse des Fragebogens helfen sollen, die Wirkung des Verstärkersystems zu überprüfen bzw. Verbesserungsmöglichkeiten zu finden. Die Anonymität wurde allen Beteiligten zugesichert – weder die Fragen noch die Abgabe des Fragebogens konnte die Identität der Teilnehmerin preisgeben. Da zwei Erzieherinnen jeweils zwei Bezugsjugendliche haben, wurde diesen zwei Fragebögen ausgeteilt. Sie sollten für jedes einzelne Bezugskind einen Bogen ausfüllen. Somit wurden 8 Fragebögen ausgefüllt, abgegeben und ausgewertet.

8.5.1. Fragebogen

Im Folgenden findest Du jeweils Aussagen, denen Du in verschiedenen Graden zustimmen kannst oder auch nicht. Wenn Du denkst, dass eine Aussage **richtig** ist, kreuze bitte „**stimmt genau**" an; wenn Du denkst, dass sie **falsch** ist, dann kreuze bitte „**stimmt überhaupt nicht**" an. Wenn du dir **nicht sicher** bist, kreuze bitte „**weiß nicht**" an.

		stimmt genau	weiß nicht	stimmt überhaupt nicht
I	Du hast dir extra Zeit genommen, um mit deiner Jugendlichen über ihre Ziele in der Zukunft zu sprechen.	☐	☐	☐
II	Du hast das Gefühl, dass du verstanden hast, was dir deine Jugendliche in den Gesprächen erzählt hat.	☐	☐	☐
III	Du hast dich bei den Gesprächen mit deiner Jugendlichen wohl gefühlt.	☐	☐	☐
IV	Du konntest nachvollziehen, warum sich deine Jugendliche ihr Ziel ausgesucht hat.	☐	☐	☐
V	Weil deine Jugendliche kein Ziel alleine gefunden hat, hast du ein Ziel für sie ausgewählt.	☐	☐	☐
VI	Deine Jugendliche hat ihr Ziel selbst gewählt.	☐	☐	☐
VII	Deine Jugendliche sucht seit dem Einzug des Verstärkersystems häufiger das Gespräch mit dir.	☐	☐	☐
VIII	Du wünschst dir in Zukunft häufigere Gespräche zu festgelegten Zeiten mit deiner Jugendlichen.	☐	☐	☐

8.5.2. Auswertung der Fragebögen der Jugendlichen (2. Teil: Fragen I – VIII) und der Erzieherinnen (Fragen I – VIII), sowie Ergebnisse des Vergleichs

Handlungsziel 2: Die Beziehung zwischen Bezugserzieherin und Jugendlicher wird gestärkt

Die Untersuchungsfragestellung 2 a und 2b wurden mit Hilfe eines Fragebogens evaluiert. Um eine vielschichtigere Sichtweise erlangen zu können, wurden die Jugendlichen **und** die Erzieherinnen der Gruppe getrennt voneinander befragt. Sowohl die Jugendlichen als auch die Erzieherinnen füllten hierfür einen Fragebogen aus. Die Ergebnisse wurden einzeln ausgewertet und gegenübergestellt.

Untersuchungsfragestellung 2a: Erleben die Jugendlichen durch die gemeinsame Zielerarbeitung eine Verbesserung in ihrer Beziehung zur ihrer Bezugserzieherin?
Die Überprüfung der Untersuchungsfragestellung 2a erfolgte durch *die Indikatoren „Die Jugendliche fühlt sich von ihrer Bezugserzieherin während der Gespräche verstanden und ernst genommen" (Frage I, II und III), „Die Jugendliche kann offen über ihre Ziele sprechen" (Frage IV, V und VI),* "Die Beziehung zwischen Jugendlicher und Bezugserzieherin verbessert sich im Alltag"(Frage VII und VIII).

Untersuchungsfragestellung 2b: Erleben die Bezugserzieherinnen durch die gemeinsame Zielerarbeitung eine Verbesserung in ihrer Beziehung zu ihrer Jugendlichen?
Die Überprüfung der Untersuchungsfragestellung 2b erfolgte durch *die Indikatoren „Die Bezugserzieherin kann sich bei den Gesprächen in die Welt der Jugendlichen einfühlen"(Frage I, II und III), „Die Bezugserzieherin achtet die Ziele der Jugendlichen"(Frage IV, V und VI), „Die Beziehung zwischen Bezugserzieherin und Jugendlicher verbessert sich im Alltag"(Frage VII und VIII).*

Praxisprojekt „Erfolgreich ans Ziel"

	Jugendliche			Erzieherinnen		
	stimmt genau	weiß nicht	stimmt überhaupt nicht	stimmt genau	weiß nicht	stimmt überhaupt nicht
Frage I	Deine Bezugserzieherin hat sich extra Zeit genommen, um mit dir über deine Ziele in der Zukunft zu sprechen.			Du hast dir extra Zeit genommen, um mit deiner Jugendlichen über ihre Ziele in der Zukunft zu sprechen.		
Nennungen:	7	1	--	8	--	--
Frage II	Du hast das Gefühl, dass deine Bezugserzieherin verstanden hat, was du ihr in den Gesprächen erzählt hast.			Du hast das Gefühl, dass du verstanden hast, was dir deine Jugendliche in den Gesprächen erzählt hat.		
Nennungen:	6	1	1	5	2	1
Frage III	Du hast dich bei den Gesprächen mit deiner Bezugserzieherin wohl gefühlt.			Du hast dich bei den Gesprächen mit deiner Jugendlichen wohl gefühlt.		
Nennungen:	6	2	--	7	1	--
Frage IV	Du hattest das Gefühl, dass deine Bezugserzieherin versteht, warum du dir dein Ziel ausgesucht hast.			Du konntest nachvollziehen, warum sich deine Jugendliche ihre Ziel ausgesucht hat.		
Nennungen:	5	1	2	6	--	2
Frage V	Das Ziel, dass du in den letzten Monaten verfolgt hast, wurde von deiner Bezugserzieherin bestimmt.			Weil deine Jugendliche kein Ziel alleine gefunden hat, hast du ein Ziel für sie ausgewählt.		
Nennungen:	--	--	8	--	--	8
Frage VI	Das Ziel, dass du in den letzten Monaten verfolgt hast, wurde von dir selbst gewählt.			Deine Jugendliche hat ihr Ziel selbst gewählt.		
Nennungen:	8	--	--	8	--	--
Frage VII	In Zukunft kommst du häufiger zu deiner Bezugserzieherin, um mit ihr verschiedene Dinge zu besprechen.			Deine Jugendliche sucht seit dem Einzug des Verstärkersystems häufiger das Gespräch mit dir.		
Nennungen:	1	1	6	0	3	5
Frage VIII	Du wünschst dir in Zukunft häufigere Gespräche zu festgelegten Zeiten mit deiner Bezugserzieherin.			Du wünschst dir in Zukunft häufigere Gespräche zu festgelegten Zeiten mit deiner Jugendlichen.		
Nennungen:	6	1	1	6	--	2

Interpretation des Vergleichs:

Den Behauptungen I bis III stimmten sowohl die Jugendlichen, als auch die Erzieherinnen überwiegen zu (insgesamt 19 von 24 Zustimmungen bei den Jugendlichen und 20 von 24 Zustimmungen bei den Erzieherinnen). Lediglich eine Erzieherin gab an das Gefühl gehabt zu haben, dass sie nicht verstanden hat, was ihre Jugendliche ihr mitteilen wollte. Ähnlich sieht das Ergebnis bei den Jugendlichen aus. Hier gab ebenfalls eine Jugendliche an, dass sie sich von ihrer Bezugserzieherin nicht verstanden gefühlt hat.

Eine recht große Übereinstimmung lässt sich auch bei den Behauptungen IV – VI feststellen. 5 Mädchen hatten das Gefühl, dass ihre Bezugserzieherin sie bei ihrer Zielwahl versteht. Demgegenüber geben 6 Erzieherinnen an verstanden zu haben, warum ihre Jugendliche ihr Ziel wählt.

Besonders interessant sind die Ergebnisse zu der Zielwahl. Sowohl in Frage V als auch VI kommt es zu einer 100% Übereinstimmung zwischen Erzieherinnen und Jugendlichen. Alle Jugendlichen und Pädagoginnen geben an, dass die Jugendlichen ihr Ziel selbst gewählt haben.

Die Behauptung Nummer VII fand auf beiden Seiten weniger Zustimmung. Lediglich eine Jugendliche gab an, dass sie in Zukunft häufiger für Gespräche zu ihrer Bezugserzieherin kommen wird. Sechs Jugendlichen haben dies nicht vor. Auch die Erzieherinnen erleben in der Gesamtschau keine Veränderung in der Gesprächsbereitschaft ihrer Jugendlichen.

In der letzten Behauptung geben sowohl 6 Jugendliche, als auch 6 Erzieherinnen an, dass sie sich in Zukunft häufigere Gespräche zu festgelegten Zeitpunkten miteinander wünschen.

8.6. Auswertung des Beobachtungskalenders im vierten Monat und Ergebnisse der Untersuchungsfragestellung 3

Im Folgenden sind die detaillierten Ergebnisse und Interpretationen des dritten Handlungsziels und der Untersuchungsfragestellung 3 nachzulesen. Die Erhebung erfolgte in Form einer strukturierten Beobachtung über die Dauer von einem Monat.

Handlungsziel 3: Von den Jugendlichen erlerntes Verhalten wird stabilisiert, so dass auf Dauer keine kontingente Verstärkung mehr nötig ist

Untersuchungsfragestellung 3: Konnte innerhalb der 3 Monate Laufzeit des Projektes eine Verhaltensstabilisation erreicht werden, so dass die Jugendlichen auch ohne kontigente Verstärkung an ihrem Ziele arbeiten?

Ziel der dritten Fragestellung war herauszufinden, wie viele Token die Jugendlichen sammeln, wenn nur noch eine intermittierende Verstärkung stattfindet. Die Jugendlichen bekamen in der 9. und 10. Woche des Praxisprojektes nur dann einen Token, wenn sie ihr Ziel an zwei aufeinander folgenden Tagen erreicht hatten. In der 11. und 12. Woche wurde der Token erst vergeben, wenn die Jugendlichen dreimal hintereinander an ihrem Ziel gearbeitet hatten. Das Ergebnis wird im Folgenden dargestellt. Die jeweiligen Zahlen in der Tabelle geben die Anzahl der Token an, die in der jeweiligen Woche von den einzelnen Jugendlichen erreicht wurden.

Ergebnisse der Gesamtgruppe:

	Mögliche Token	Gesammelte Token	Durchschnitt
1. und 2. Woche	56	34	61%
3. und 4. Woche	28	22	79%
gesamt:	84	56	67%

Interpretation:
Die Mädchen sammelten während der 1. und 2. Woche insgesamt 34 vom 56 möglichen Token. In der 3. und 4. Woche wurden 22 von 28 möglichen Token gesammelt. Die detaillierte Auswertung zeigt, dass das niedrigste Ergebnis von F. erzielt wurde, die im 4. Monat insgesamt 5 von 11 möglichen Token sammelte. Dies bedeutet, dass der niedrigste Durchschnitt

einer Jugendlichen bei 46% lag. Insgesamt sammelten die Jugendlichen innerhalb des vierten Monats 56 von 84 möglichen Token, was einem Durchschnitt von 67% entspricht.

Quellenangaben

Altenthan, Sopia (2005): Pädagogik/Psychologie für berufliche Oberstufe 1. 2. Auflage. Essen

Atteslander, Peter / Cromm, Jürgen (2003): Methoden der empirischen Sozialforschung. 10. Auflage. Berlin

Baierl, Martin (2008): Herausforderung Alltag. Praxishandbuch für die pädagogische Arbeit mit psychisch gestörten Jugendlichen. Göttingen

Bamberger, Günter (2005): Lösungsorientierte Beratung. 3. Auflage. Weinheim

Batra, Anil / Wassermann, Reinhard / Buchkremer, Gerhard (2006): Verhaltenstherapie. Grundlagen – Methoden – Anwendungsgebiete. 2. Auflage. Stuttgart York, New

Bauer, Christiane / Hegemann, Thomas (2008): Ich schaffs! – Cool ans Ziel. Das lösungsorientierte Programm für die Arbeit mit Jugendlichen. Heidelberg

Becker, Lutz / Ehrhardt, Johannes / Gora, Walter (Hrsg.) (2007): Führungspraxis und Führungskultur. Düsseldorf

Borg-Laufs, Michael (Hrsg.) (2007a): Lehrbuch der Verhaltenstherapie mit Kindern und Jugendlichen. Band I: Grundlagen. 2. Auflage. Tübingen

Borg-Laufs, Michael (Hrsg.) (2007b): Lehrbuch der Verhaltenstherapie mit Kindern und Jugendlichen. Band II: Diagnostik und Intervention. 2. Auflage. Tübingen

Bortz, Jürgen / Döring, Nicola (2005): Forschungsmethoden und Evaluation: Für Human- und Sozialwissenschaftler. Heidelberg

Brunstein, Joachim / Meier, Günter (1996): Persönliche Ziele: Ein Überblick zum Stand der Forschung. Psychologische Rundschau, Ausgabe 47, 146-160

Bundschuh, Konrad (2008): Heilpädagogische Psychologie. 4. Auflage. München

Edelmann, Walter (2000): Lernpsychologie. 6. Auflage. Weinheim

Fliegel, Steffen / Gröger, Wolfgang M. / Künzel, Rainer / Schulte, Dietmar / Sorgatz, Hardo (1998): Verhaltenstherapeutische Standartmethoden. Ein Übungsbuch. 4. Auflage. Weinheim

Häder, Michael (2006): Empirische Sozialforschung: Eine Einführung. Wiesbaden

Hobmair, Hermann (Hrsg.) (2002): Pädagogik. 3. Auflage. Troisdorf

Jänicke, Wolfgang / Borg-Laufs, Michael (2007): Systemische Therapie und Verhaltenstherapie. In: Borg-Laufs, Michael: Lehrbuch der Verhaltenstherapie mit Kindern und Jugendlichen. Band 1: Grundlagen. Tübingen. S. 739 - 813

Lefrancois, Guy R. (2006): Psychologie des Lernens. 4. Auflage. Heidelberg

Margraf, Jürgen / Schneider, Silvia (2009) : Lehrbuch der Verhaltenstherapie. Band 1. 3. Auflage. Heidelberg

von Spiegel, Hiltrud (2007): Projektplanung und Evaluation. Basa-Online-Modul O13

von Spiegel, Hiltrud (2008): Methodisches Handeln in der Sozialen Arbeit. 3. Auflage. München

Wassmann, Reinhard (2006): Operante Verfahren. In: Batra, Anil / Wassmann, Reinhard / Buchkremer, Gerhard: Verhaltenstherapie. Grundlagen – Methoden – Anwendungsgebiete. 2. Auflage. Stuttgart, New York